有故事的論語

愈讀愈懂，這些千古金句背後的道理

學習‧處世
篇

張瑋╳饅頭說團隊 ㊔

目錄

處世篇

作者序

非常榮幸，我的這本書能在寶島出版。藉這個機會，我也想向大家報告一下我自己讀《論語》的一些經歷。我真正精讀《論語》，是在大一。那一年，我被提前招進了復旦大學，和三十三個來自全市各個市、區重點高中的同學一起，成為了一個叫「文科基地班」的學生。我們在五月就開始進校學習。第一堂課，我們的輔導員傅傑老師在做完自我介紹之後，末了拖了一句話：「我開張書單，你們先去讀一下《論語》。」

傅老師是姜亮夫先生的碩士（中國古典文獻學），王元化先生的博士（中國文學批評史），來帶我們這個班的時候才三十七歲，剛剛讀完復旦的博士後。雖然我們那個時候以一種高山仰止的表情看著他，但對他的這個要求，多少是有些不以為然的——那些「之乎者也」嗎？有什麼好讀的？

然後傅老師露出一個謎之微笑，又輕輕跟了一句：「不光要讀，還要背，要默誦，我會考。」全班嘩然。傅老師推薦的是中華書局版楊伯峻先生的《論語譯註》。那天放學後，校園旁的小書店，這個版本的書就被買完了。

雖然我也買了書，但還是很牴觸讀《論語》的。然而，寢室裡幾個同學已經讀了起來。我們都多多少少讀過《論語》，因為中小學課本中本來就收錄了不少《論語》裡的話，但如此精讀和通讀，基本上都是第一次。睡我對床的叫郭永秉，市西中學來的，平時頗喜歡在熄燈臥談時聊一些八卦，開一些玩笑，但現在每天捧著一部《論語》，勾勾畫畫；睡我斜對床的叫李宏昀，上海外國語附中來的，號稱對哲學最有興趣，但同樣也是捧著一本《論語》不放，有時還會朗讀兩句。而我發現，班上的女同學們，也開始讀起了《論語》——有時候在課間，還能看到她們翻出來讀。

難道大家不是應該等到考試前幾天，再突擊看這種枯燥的書的嗎？而且，傅老師開了一批的書單，為什麼大家都對這本書那麼感興趣（我自己先讀的是《萬曆十五年》）？

人還是有從眾心理的，我也只能翻出嶄新的《論語譯註》，抱著一定要「啃」下來的心態，開始硬著頭皮讀了起來。那時候讀書，喜歡一邊讀一邊標記，我記得《論語》上面不少空白之處我做了標記，而有的其實是純感慨：「有道理！」、「真有道理！」一遍讀完，只有一個感覺：這本書我讀晚了。

必須要為自己當初的無知和愚昧感到羞愧。

作為一本中國儒家文化集大成的「十三經」中最具特殊地位的書，其實《論語》從漢代開始就一直是小學生的必讀書目。這也就意味著，這本書裡的所有語句，早就成為讀書人的基礎語言，隨著時間的演進，開枝散葉，代代相傳，成為華夏文明延續數千年不中斷的重要原因。認真通讀了《論語》，我才知道，原來平時我們那麼多的格言、典故、成語和道理，都是出自《論語》。我們中的不少人，可能真的未必讀過《論語》，甚至會覺得《論語》迂腐，但其實我們一直在用《論語》裡的成語，在秉承《論語》裡的理念，在踐行《論語》裡的價值觀，甚至給孩子取的名字也來自《論語》。

舉個最簡單的例子：《論語》全書不過一萬六千多字，放到大開本的日報上，兩個整版就能登完，但就是這一萬六千多個字，光我們現在常用的成語就有一百多個出自這裡，比如「溫故知新」，「侃侃而談」、「適可而止」、「見義勇為」，「不恥下問」，「如履薄冰」，「戰戰兢兢」，「任重道遠」，以及我們都知道的「欲速則不達」、「四海之內皆兄弟」、「不在其位不謀其政」、「工欲善其事必先利其器」這些俗語，甚至連「生死有命，富貴在天」這種話，居然也是出自《論語》（「顏淵篇」）——我小時候一直以為這是香港古惑仔電影裡的臺詞。我們只是「日用而不知」罷了。

所以，在若干年後的一次班級同學聚會上，我萌發了這樣一個念頭：既然我們都後悔當初沒早點讀《論語》，既然當初學《論語》的我們都已為人父母，孩子也都已長到了可以讀一些傳統文化經典的年紀，那為什麼不重新梳理下《論語》，寫一本給孩子看的《論語》書呢？

之所以要重新梳理一遍《論語》，因為實事求是地說，這本書針對的是八歲到十五歲左右的孩子們。在這個年齡階段的孩子，應該讀一些《論語》了，但不太可能完全理解《論語》，因為整部《論語》，真的是值得用一生去慢慢參透感悟的。所以，就必須用年輕人可以理解的語言，為他們做一些梳理和挑選，分析和解讀。

那麼又一個問題來了：孩子能從這本書裡學到什麼？或者，我們希望他們學到些什麼？

我覺得可能至少有以下五點：

有一個態度。比如對「學習」的態度。《論語》裡的那句「學而時習之，不亦樂乎」，究竟該怎麼理解？為什麼說「學習是件快樂的事？」

學一種方法。比如學習的方法。「學而不思則罔，思而不學則殆」，到底說明了「學習」和「思考」之間的什麼關係？為什麼「溫故」才能「知新」？

知一些典故。《論語》裡有那麼多的成語，「三月不知肉味」背後的故事是怎樣的？「登堂入室」原來是用在哪裡的？

懂一點道理。這其中有做人的道理：「仁者愛人」，為什麼說「仁」的一大表現就是要有「同理心」，會「換位思考」？「君子」為什麼不分男生和女生？為什麼說「不學禮，無以立？」也有處世的道理：為什麼要「身先士卒」？怎麼才算「君子之爭」？到底該不該「以德報怨」？

寫一手文章。當然，我們不排斥考試的功利性：如果孩子真能知道那麼多成語，瞭解那麼多典故，說得出那麼多道理，我就真不信：會寫不出一篇漂亮的作文？

我相信這本書，是能夠做到這五點的。

這本書其實是一個團隊的努力成果。除了我之外，總顧問是傅傑老師——當年那位讓我們讀《論語》的輔導員。傅傑老師的論語課在復旦大學上了二十年，深受各個專業的學生歡迎，在整個學術圈都是非常有名的，他本人也是這個領域的權威。

指導顧問，就是當年一個寢室裡和我一起讀《論語》的李宏昀。他精讀《論語》，後來選擇了哲學方向，從復旦大學哲學系本科畢業，讀了碩士，最後讀出了哲學博士。他為這本書傾注了大量的心血。還有一個專家顧問小組，也是我的兩位大學同學。一位是我寢室同學郭永秉，他碩士選擇了中文系方向，導師就是傅傑老師，博士選擇了歷史方向，導師是朱維錚先生。後來他就成了復旦大學中文系最年輕的正教授，現在從事出土文獻和古文字研究。另一位專家是女同學，沈文婕。她後來本科選擇的中文方向，碩士就投身到了復旦哲學系的懷抱，畢業後成為了一位教師——她現在是上海交通大學附屬中學（上海傳統的「四大金剛」、最好的四所市重點中學之一）的語文教研組組長。

《有故事的論語〈學習．處世篇〉》、《有故事的論語〈修養．天地篇〉》兩本書的架構，分為四個部分，由淺入深，由小見大：「學習」—「處世」—「修養」—「天地」。

在這個大框架下，《有故事的論語》兩本書共有三十四講，總共五二八頁，三十三萬字，其中，引用《論語》原文七十六段；引用故事和典故八十七個；引用成語和俗語一百三十一個；引用其他文獻的原文四十五段；介紹古今中外人物七十六位；引用其他文學和影視作品三十八個。本書還有一個特點，是我請了專業的插畫師，畫了一百九十一張插畫，用於講解《論語》裡的典故和知識。從之前的經驗來看，插畫非常受歡迎，也成為了加深記憶的一個關鍵切入點。

有一次，我去湖南長沙的一所小學做分享。在分享會上，我問孩子們，你們知道，為什麼中華文明被稱為「沒有中斷的文明嗎？」孩子們一臉興趣，都很想知道。

我舉了舉手上的《論語》說：「這就是一個很好的例子。」我告訴他們，你們有沒有想過，這是一件何等奇妙的事：我們現在讀的這本書，和兩千五百多年前的中國古人們讀的書，是一模一樣的。換句話說，兩千五百多年前這個叫孔子的人寫的書，我們現在依舊看得懂，讀得懂，而書中的那些做人的道理、常用的成語和處世的原則，也影響了我們兩千五百多年，至今仍被我們奉為經典，甚至走出國門，深刻影響了東亞和東南亞，乃至成為整個世界文化的重要組成部分。

這是一件何等奇妙的事。錢穆先生曾說過一句話：「中國讀書人應負兩大責任，一是自己讀論語，一是勸人讀論語。」願用這句話，作為這篇序言的結尾，與各位共勉。

是為序。

二〇二一年八月二十八日於上海

前言

親愛的讀者們，大家好呀！

在開始我們的《論語》漫遊之旅之前，我先向大家介紹一下我自己。

我的真名叫張瑋，網名叫饅頭大師。如果我們以後有機會在現實生活中見面的話，大家可以叫我饅頭叔叔。

說到這兒，我想你們可能會問：為什麼你叫「饅頭」呢？是不是特別喜歡吃饅頭，或者擅長做饅頭呢？

說實話，我真的挺喜歡吃饅頭。不過，我是上海人，在上海，不管麵糰裡有沒有餡，我們都叫「饅頭」，不把有餡的叫包子。如果這個饅頭是肉餡的呢，我們就叫「肉饅頭」；菜餡的呢，我們就叫「菜饅頭」。

不過，我叫「饅頭」不是因為我喜歡吃饅頭，而是因為我以前養過一條小狗，牠的名字叫「饅頭」，所以，我就叫「饅頭大師」啦，就這麼簡單。

在這本書裡，你會透過我的講述，了解一些關於《論語》的故事——沒錯，這本書裡關於《論語》的知識點都會圍繞一個個故事來進行，希望你們在看故事的同時，了解老祖宗傳下的這部《論語》裡的一些名句，以及背後的一些道理。如果你們學了以後能夠用在自己寫的文章裡、說的話裡，甚至表現在平時的為人處世中，那就是最好不過的事。

此外，我會根據每一講的內容，把最主要、最關鍵的知識重點總結出來，便於大家隨時查閱和複習。必須要說一句的是：我們「饅頭家族」會「出演」《有故事的論語》。

「饅頭家族」不僅有饅頭，還有包子、餃子、湯圓、粽子、麵條。他們會在這本書中，出演各種角色，而且，他們每個都有自己的性格特點。我在這裡賣個小關子，先不介紹，相信隨著他們出場次數的漸漸增多，你們能夠看出他們每個人的性格特徵。

好啦！閒話少說，接下來，就請大家跟我一起進入《論語》的世界吧。

學習篇

第一講 《論語》是一本怎樣的書？

從這一講開始，我們就要正式進入《論語》的世界了。

在開始之前，有一個問題要說明一下：《論語》中的這個「論」，和「討論」的「論」（ㄌㄨㄣˋ）讀音不同，它讀ㄌㄨㄣˊ。

那麼，這個「論」在這裡是什麼意思呢？意思是「收集、彙編」。

「語」又是什麼意思呢？「語」就是指「說話或者言談」。

所以，「論」、「語」兩個字合在一起的意思就是把一些人說的話記錄下來、收集起來，彙編成一本書。

那麼，問題來了：

既然《論語》是一本把人家說的話記錄和收集起來的書，那麼

這些話都是誰說的呢？

答案就是：《論語》這本書裡收錄的是一位叫孔子的先生的話。當然，書裡面也有孔子弟子的話，還有他們這個生活圈子裡其他人的話，所以，這本書記錄的是一群人的話。

但是，需要特別強調的是：主要是孔子他老人家的話。孔子是毫無疑問的一號男主角！

所以，《論語》這本書是由孔子的弟子，以及弟子的弟子們合作編寫完成。這本書裡的有些話是孔門弟子當場記錄下來的，例如「哎呀，老師說得好有道理啊！說慢一點，讓我記一下筆記」；也有些可能是大家在一起回憶、討論老師上課講的一些話，然後編寫進去的：「我昨天吃飯的時候想來想去，覺得孔老師這句話說得好有道理啊！必須編進去。」

因此，《論語》的作者並不是孔子，而是他的那些弟子。簡單地說，《論語》其實是一本語錄合集，裡面有孔子說的話，也有他的弟子們整理和收集的孔子談話。

那麼，又一個問題來了：《論語》是不是一本很厚的書呢？

說實話，一點都不厚。《論語》這本書一共只有約一萬六千字。可能有的讀者聽到這裡要說了：什麼？一萬六千個字？還叫「只有」？平時我們要寫出八百字的作文就很累了，好嗎？

哈哈，你們說得也沒錯，但你們寫的只是一篇文章，而《論語》作為一個人一生言行的文章總集，一萬多個字真的不算多，尤其是作為一本書而言。

我不知道大家對「一本書有多少字」有沒有概念——除了特殊的體裁，我們一般拿到手裡的一本書，大多都在十萬字左右。再舉個不太恰當的例子吧，大家都知道哈利波特吧？「哈利波特」系列的第一部《神祕的魔法石》，一共約有二十二萬八千字。當然，小說的字數概念和這本書有些不一樣，我只是舉個例子，讓大家有概念。

一本書如果只有一萬多字，不加任何注釋、標記之類的，其實印出來是非常薄的。

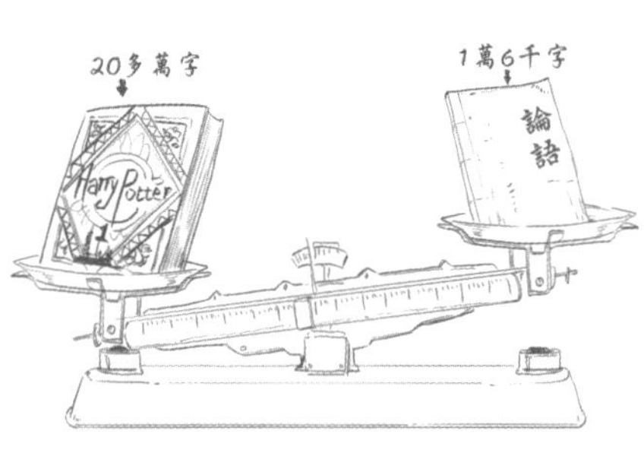

但是！又要說個但是了！

千萬別小看這本只有一萬多字的《論語》哦！這是儒家的一部經典著作。

大家都知道，中華文明有五千多年，一直延續至今，其中一個很重要的原因就是：祖先留下了一批寶貴的文化經典。在漫漫的歷史長河中，雖然朝代不斷更迭，國土有時也會被入侵，但中華文明始終保持著延續性和獨立性。正是因為有這批文化經典，中華民族的精神和文化才一代代地傳承下去。而《論語》就是這批文化經典中非常重要的一部代表作。

《論語》的影響表現在哪裡呢？其實，你們可能還沒有發現。可以不誇張地說，大家在日常生活中用到的很多典故、名句，其實都出自《論語》，只是你們可能不知道而已。你把這本書看下去之後就會發現：「哦，原來這個故事是《論語》裡的」，「啊，原來這句話是孔子老人家說的啊！」

關於這部《論語》有多厲害，古代有這樣一句話：「半部《論

語》治天下。」這句話是什麼意思呢？就是說只要你學明白半部《論語》，就可以去治理天下了。

既然《論語》是記錄孔子言行的書，那說明孔子他老人家非常厲害囉？

孔子究竟是怎樣的一個人呢？

嘿嘿，很好的問題。我們剛才大致了解《論語》是怎樣一本書，接下來，我們就要了解，孔子究竟是怎樣的一個人了。

請接著看下去吧！

本講重點

《論語》

・主要記錄孔子及其弟子言行，裡面有孔子說的話，也有他的弟子們對老師說的話，可以說是一本語錄合集。

・作者不是孔子，而是他的弟子們。

・作為收錄孔子一生言行的文章總集，這本書一共只有約一萬六千個字，雖然短小，卻是儒家的一部經典著作。

半部《論語》治天下

【釋義】只要學明白半部《論語》，就可以去治理天下了。

【理解】《論語》這部著作十分厲害，此外，在生活中用到的典故、名句，很多出自《論語》。

第二講

孔子到底是個怎樣的人？

在上一講中，我們說到《論語》是一部很厲害的書。那麼，肯定有人要問：既然《論語》是孔子的語錄彙編，孔子到底是怎樣的一個人呢？

我們先來說說孔子的出生年代和故鄉。

孔子出生在西元前五五一年，也就是距今大約二千六百年前，他真的是一個很遙遠的古人啊！但這也證明中國的歷史真的是很久遠。

那個時候，中國處在一個叫「春秋」的時代。我們常說的「春秋戰國」，其實是兩個時代，一個叫「春秋時代」，一個叫「戰國時代」。戰國時代之後，就是我們大家都知道的，秦始皇建立的秦朝，統一了中國。

孔子生活的那個時代，已經是春秋末期。他是魯國人，他的家鄉在中國現在的山東曲阜，所以，孔子是山東人哦！

孔子其實有自己的名字，名丘，字仲尼（古人有名也有字）。所以，他其實叫「孔丘」。那我們為什麼要叫他「孔子」呢？因為「子」是一種尊稱，就是「先生」的意思，「孔子」就是「孔先生」。我們看《論語》裡總是有「子曰」、「子曰」，「曰」就是說話的意思，「子曰」其實就是「先生說」的意思。大家如果看過一部叫《武林外傳》的喜劇，肯定會記得裡面那個呂秀才一天到晚說「子曾經曰過」，他說的其實就是《論語》。

孔子是中國古代著名的思想家和教育家，開創了私人講學的風氣，也就是老師自己教學生。所以，我們現在還把孔子奉為教育界的祖師爺，可能有些人會覺得奇怪：老師不教學生，誰教呢？這裡我們就埋個小伏筆，後面會說到。

中國的很多行業都會奉一個古人作為自己的祖師爺。例如木匠行業的祖師爺是魯班，農業的祖師爺是神農氏，織布業的祖師爺是黃道婆，而教育這個行業，祖師爺就是孔子。

確實，可能在你們的印象中，孔子就是一個頭髮花白、滿口之

乎者也的老學究。但其實，他這個人可能和你們想像的不太一樣哦！

我們不妨來看看《論語》裡，孔子自己是怎麼說的，請注意，從現在開始，就要接觸《論語》裡的原文啦！

下面這段話出自《論語．述而》，原文是這麼說的：

葉公問孔子於子路，子路不對。子曰：「女（ㄖㄨˇ）奚不曰：其為人也，發憤忘食，樂以忘憂，不知老之將至云爾。」

聽起來有點拗口，是不是？沒關係，我們來解釋一下。先說一下當時的背景：

那一年，孔子已經六十三歲了，當時他還在周遊列國的途中。楚國有個葉（ㄧㄝˋ）縣。（有的人可能會提出，這個字你的念法不對，應該念ㄕㄜˋ，不是念ㄧㄝˋ。說的也對也不對，以前確實念ㄕㄜˋ，但現在詞典裡對這個讀音標注的是「舊讀法」，現在可以讀葉子的「葉」啦！）一天，這個葉縣的首長葉公就向孔子的弟子子路打聽。

「請問，孔子是個什麼樣的人啊？」（葉公問孔子於子路）

子路表示，自己回答不了。（子路不對）

後來，孔子知道了，就教子路：「哎呀呀，你為什麼不這樣說呢！」（「女奚不曰」，「女」在這裡是個通假字，就是「汝」的意思，就是「你」；「奚」在文言文中常被用作副詞，意思是「為什麼」。）

孔子接著說：「（你和他說）這個人呀，用功起來會忘了吃飯，快樂起來就忘了憂愁，連自己快要老了都不知道。」

沒錯，這就是那句「發憤忘食，樂以忘憂，不知老之將至云爾」。

那麼，孔子為什麼要用這三點來形容自己呢？我們不妨來看一下這三點。

先看第一點，「發憤忘食」，也就是用功起來忘了吃飯這一點。這一點看上去沒什麼了不起的，你們可能會說：一般人為了加班會顧不得吃飯，學生寫作業有時候也忘了吃飯（或許玩遊戲也會忘了吃飯吧）……這樣的事情太常見了。

但我們要知道，孔子其實並沒有教人要「忘記吃飯」，恰恰相反，他在吃飯方面還相當講究呢！《論語》裡有專門的段落說他吃飯有多講究，其中就特意提到「不時，不食」。這是什麼意思呢？就是說：不按時吃飯，不行，不可以。

吃飯要按時，這不光是健康的生活方式，也是一種修養。例如有些人，遇到不開心或令人擔憂的事情會茶飯不思，會說：「唉，都這樣了哪還有心情吃飯啊……」其實，這根本無助於解決問題，還會讓情況變得更糟。相比之下，一個在任何情況下都能按時吃得下飯的人，給人的感覺肯定更可靠，這也說明他解決問題的能力更強。所以，吃飯按時、有規律，對身體和心靈的健康都是有好處的，而且能把自己塑造成一個讓人放心的可靠的人。

那麼，既然吃飯在孔子眼中是怠慢不得的正經事，他為什麼還會因為用功而忘記吃飯呢？這說明了什麼？

首先，這說明孔子不是一個刻板無趣的人。按時吃飯這個習慣固然對身心都好，但是倘若頓頓飯都死守規矩，就過於僵硬、機械了。孔子教導我們對待規矩的方式可不是這樣的，有關這一點以後還會進一步提到。

更重要的是，這說明孔子活著畢竟不是為了吃飯。當然，在這一點上我們每個人都和孔子一樣。就像雷鋒曾經說過：「吃飯是為了活著，但活著不是為了吃飯。」

當然，孔子在這裡強調的是做一件事要專注，而不是說可以經常忘了吃飯。這才是「發憤忘食」的關鍵。有這樣的專注，無論學什麼、做什麼都會有所成就的，不是嗎？

再來看第二點：「樂以忘憂。」

說起孔子的憂愁，可比一般人的憂愁要大，也更多。在學生時代，我們的擔憂無非是明天下雨不能出去郊遊，後天考試還沒複習好怎麼辦。而孔子是憂國憂民，憂這世界會不會變好，憂自己的理想能不能實現。

就算從現實面來說，孔子在列國之間奔走，兵荒馬亂，危險總是有的，斷糧餓肚子的事情孔子也遇過，甚至被人追殺的情況也碰過。如果在所有這些情況下都能保持快樂的心情、忘記憂愁，還是挺厲害的吧？

話說，一快樂就忘了憂愁，這種技能我們不是也有嗎？例如有個相聲段子說，有位同學快要考試了，好憂愁啊。該怎麼辦呢？他想，要不扔個硬幣來決定吧：如果硬幣正面朝上，就去玩遊戲；如果硬幣反面朝上，就去睡覺；如果硬幣立起來，就去複習功課吧。

聽上去很不錯吧？說實話，如果真的能拋開考試的壓力沒心沒肺地去玩遊戲或者睡覺，倒也是一種胸懷。但其實還是很難做到吧？多半是一邊玩一邊心裡忐忑，因為知道自己在逃避。你其實也知道：問題還沒有解決，將來總有算總帳的時候。所以，你並沒有真正把憂愁拋到腦後，只是相當於「藉酒澆愁」。唐朝詩人李白曾經寫過一句詩，叫「舉杯消愁愁更愁」——這算不得「樂以忘憂」。那孔子的「樂以忘憂」該是什麼樣呢？

舉一個孔子傳人的例子。明朝有一位大思想家叫王陽明，他還是大政治家、軍事家。可以說，他是孔子在近兩千年後最典型的傳人之一。有一次，他的一個學生病了，他去探病，問這個學生感覺怎樣。學生說：「功夫甚難。」王陽明說：「常快活，便是功夫。」

「常快活，便是功夫」其實就相當於孔子的「樂以忘憂」。

「樂以忘憂」不是讓我們逃避憂愁甚至「藉酒澆愁」，而是說，無論面對怎樣令人擔憂的事，例如考試、生病、國家命運，都要保持「常快活」。其實，這和無論遇上什麼不開心的事都能吃得下飯是同一個道理。「常快活」就是汲取正面能量、保持生機，這樣憂愁之類的負能量就不會成為困擾，這就是「忘憂」。在「快活」的心態下，問題還是要解決的，例如積極治病，好好複習考試，像孔子那樣不辭辛

勞為天下事奔忙等等。如果我該做的努力都做了，依然有問題解決不了，我也可以問心無愧。失敗我認了，但「常快活」不能變——這就是「樂以忘憂」的最高境界。

當然，要達到這個境界，可能對現在較年輕的人來說還有點太早。所以，我們還是從「無論遇上什麼事都要吃得下飯」做起吧！

你們看，「樂以忘憂」，其實就是孔子的修養功夫。雖然這個境界很高，但是每個人都可以從小事做起。

最後是第三點：「不知老之將至」，也就是快要老了自己卻不知道。

孔子說這句話的時候，是六十三歲。這個話題對於年輕人來說有點早了。不過，我們依然可以試著理解一下，對於一個六十出頭的人來說，「不知老之將至」意味什麼。

首先，我們要知道，以當時古代人的平均壽命來看，六十歲已經是很大的年紀，有句老話，也是《論語》裡的，叫作：

「三十而立，四十而不惑，五十而知天命，六十而耳順。」

什麼叫「耳順」？就是不管你講好話壞話，我都能聽得心如止水、洞悉一切。

當時，孔子六十三歲了。難道他不知道自己已經很老了嗎？當然知道。但他這句「不知老之將至」，恰恰說明他不在乎自己有多老，因為他有自己要做的事情，有自己鍾情的愛好，有自己要傳授的知識，對他而言，已經不在乎時間了。

嗯，或許有人會說：孔子不在乎時間，但他還是輸給了時間，不是嗎？

沒錯，其實每個人都無法戰勝時間。孔子去世的時候是七十三歲，他只在這個世界上存在了七十三年。這七十三年，在整個人類文明進程中可以說只是電光石火的一瞬間，但是直到今天，但凡全世界有華人的地方，幾乎沒有人不知道孔子，沒有人不談論他，而且還有很多人要學習他。可見，他在世界上留下的痕跡直到今天依然沒有被時間抹掉。

所以，他那句「不知老之將至」，在輕描淡寫間，其實至少和時間打了一個平手。

在茫茫歷史長河中，每個人都只是一朵小小的浪花。我們的痕跡能夠在這條時間長河中保存多久？我們過完一生也未必能夠明白答案。

但是，我們可以從現在做起。關於孔子這個人，就先簡單介紹到這裡。不知道透過他形容自己的三句話，大家對他有沒有一個大致的印象了呢？

孔丘

孔子，名丘，字仲尼。「子」是尊稱，是「先生」的意思。「子曰」，就是「先生說」的意思。

【生日】西元前五五一年，距今約二千六百年前，當時中國處在春秋時代。孔子生活的那個時代，已經是春秋末期。

【籍貫】魯國人，他的家鄉魯國現在在中國山東曲阜，所以孔子是山東人。

【教育界的祖師爺】孔子是古代著名的思想家和教育家，開創私人講學的風氣，也就是老師自己教學生。所以，我們現在還把孔子奉為教育界的祖師爺。

孔子的自我評價

【原文】葉公問孔子於子路，子路不對。子曰：「女（ㄖㄨˇ）奚不曰：其為人也，發憤忘食，樂以忘憂，不知老之將至云爾。」

【出處】《論語・述而》

【背景】孔子六十三歲的時候還在周遊列國的途中，一次到了楚國一個叫葉縣的地方，葉縣的長官葉公向孔子的弟子子路打聽孔子是個怎樣的人，子路回答不了。後來孔子知道了，就教了子路這句話。

本講重點

【釋義】你為什麼不這樣說呢，這個人呀，用功起來會忘了吃飯，快樂起來就忘了憂愁，連自己快要老了都不知道。

【理解】「發憤忘食」說明孔子不是一個刻板無趣的人。這個詞告訴我們不要過於機械和僵硬地死守規矩，要會變通。同時，它強調做事專注，有了這份專注，無論學什麼、做什麼都會有所成就。

「樂以忘憂」教導我們，無論面對怎樣令人擔憂的事（考試、生病、憂國憂民……），都要保持「常快活」，汲取正面能量，保持生機。這種保持平常心的修養，如果現在做不到的話，就先從小事做起，例如無論發生什麼都按時吃飯。

「不知老之將至」告訴我們，如果一個人有自己要做的事情，有自己鍾情的愛好，有自己要傳授的知識，例如孔子這樣，就已經不在乎時間了。而且，在茫茫歷史長河中，每個人都只是一個小小的浪花。我們的痕跡能夠在這條時間長河中保存多久？過完一生其實也未必能夠明了答案。但是，我們可以從現在做起。

第三講

學習是一件快樂的事

大家在了解《論語》是怎樣的一本書，以及孔子是怎樣的一個人之後，從第三講開始，我們就要正式進入《論語》的世界了。

在這一講，先要學習《論語》裡的一句話。這句話肯定有不少人都知道，因為翻開《論語》的第一篇，第一眼就能看到這一句話——我們背單字也好，看書也好，對一開始那幾頁總是印象特別深，是不是？

這句話是什麼呢？就是：

「學而時習之，不亦說（ㄩㄝˋ）乎？」

這句話是什麼意思呢？簡單來說就是：「學習，是一件快樂的事。」

讀到這裡，有些人可能就要說一聲「呵呵」了：學習是件快樂的事？真的嗎？呵呵，呵呵呵呵。我們先看下去，好不好？

不知道大家有沒有發現，「學習」這兩個字，包含兩層意思。哪兩層意思呢？一層是「學」，另一層是「習」。

「學」，就是接觸到新知識，並且把它們吸收過來——吸收到自己的腦子或身體裡。

「習」，意味著操練——學到的東西，要透過及時練習，才能真正成為屬於自己的技能，在實際應用中發揮出來。

「說」在這裡是個通假字，通「悅」。

我們想像一個場景：你透過學習掌握了一項新技能，就以一個小魔術為例吧。一開始你非常生疏，但你反覆練習、看圖解、看影片，最後終於嫻熟地掌握了它的手法或技巧。然後，你在朋友們面前表演，瀟灑的手法讓朋友們都驚訝得目瞪口呆，他們用崇敬的眼光看著你說：「哇，這是怎麼回事啊？」怎麼樣？在那個時候，你是不是特別有成就感？感覺特別拉風？

所以，再回過頭來看孔子他老人家的這句話：「學而時習之，不亦說乎？」如果完全按照字面意思理解的話，其實就是：

「學到新東西，並且對學過的東西及時練習，這難道不是快樂的事情嗎？」

學魔術是學習，學游泳是學習，學剪紙是學習，當然，學知識也是學習——學一切東西都是同一個道理。

你們看，《論語》開篇第一句說的就是「學習」，可見把它放在多重要的位置。但是，有些人肯定還是會想：

「你還是沒回答我的問題啊！你只說了學習獲得成果之後會有成就感，但學習的過程，尤其是學習知識的過程，真的很快樂嗎？」

好，我先來告訴你，在孔子那個時代，能夠有資格學習，就已經是件快樂的事了。

為什麼這麼說呢？不知道大家還記不記得，前面我們說道，孔子是教育界的祖師爺，他開創私人講學的風氣。什麼叫「開創」？意思就是創立一件以前從來沒有人做過的事。也就是說，在孔子的時代以前，普通老百姓是根本沒有什麼機會學習新知識（當然，學習種糧食、打野兔這些基本的生存技能除外）。

那誰有資格學習呢？只有貴族才有資格學習。

所謂「貴族」，就是做老爺的。在孔子的時代以前，打仗

題目：雞兔同籠
原來貴族老爺們平時都學這個啊，好痛苦……

其實基本上是貴族的事，而百姓負責種糧食、交糧食、做各種體力活。所以，貴族認為，在平時就需要多學習、多鍛鍊、提高自己的素質、掌握各種專業技能。而他們上的專業課程，就被古人們總結成「六藝」。

「六藝」就是禮、樂、射、御、書、數。

這六個字分別代表什麼呢？

「禮」是禮節禮儀，「樂」是音樂詩歌，「射」是射箭，「御」是駕馭馬車，「書」是認字寫文章，「數」是測量和計算。你們有沒有發現，古代的貴族還是很注意德、智、體、群、美全面的發展。

而孔子他老人家呢，其實就是貴族出身。孔子的老祖宗，說起來還挺厲害的，是商朝的王室。有一部叫《封神演義》的小說，講的就是周朝滅商朝的故事，各路神仙打架。後來，商朝不是被周朝滅了嘛，周王室在當今的中原大地上分封了許許多多個小國家，這些小國家的管理者，就是那些追求德、智、體、群、美全面發展的貴族老爺，也就是「六藝」的學習者。其中，商王朝王室的後人被封到宋國當國君——也就是說，孔子比較近的祖先，是周王朝宋國的王族。

周王朝後期，就是上一講說過的春秋時代。到了這個時候，原來被分封的各個小國家，其中有不少都變大、更強了。而周王室卻越來越衰弱，漸漸控制不住勢力越來越大的各國貴族。在整個春秋時代，國家與國家打來打去的事情幾乎年年都有。而在國家內部，貴族互相鬥個你死我活的故事也是屢見不鮮。整個春秋時代就是一個大亂局。當然，比起之後戰國時代那種全民皆兵的局面，春秋時代的亂還只是小巫見大巫，以後還會講到。

不過，春秋大亂局也有一個好處，就是原先只有貴族才有資格學習的「六藝」專業課程漸漸地流傳開來了，這就是私人講學風氣的開始。而這個時代，就是孔子所處的時代。

為什麼會發生這樣的事呢？你們想，貴族們鬥來鬥去，總會有人被打敗，對吧？於是，被打敗的貴族以及他的後代就沒落了，流落到民間。可是，他們的知識修養還在啊。於是，「六藝」這樣的專業課程就不知不覺地流傳到民間。這些沒落的貴族後代中，也有主動收弟子講學、傳授自己祖傳下來的學問。我們所講的孔子就是其中最傑出的一位。

我們知道，孔子的老祖宗是商王朝的王室，他比較近的祖先是宋國的王族，而到孔子他父親那一代，已經是魯國人了，他父親就是魯國一個小縣城的長官。

孔子到五十歲出頭才在魯國做官。但是，孔子三十歲就開始收弟子講學，教的就是貴族的專業課程「六藝」。孔子講學水準很高，名氣越來越大。沒多久，就有各個地方的年輕人慕名而來，要跟孔子學習。就這樣，孔子成了教育界的祖師爺。當然啦，孔子能成為教育界的祖師爺，既有他自己努力的因素，也離不開歷史進程的作用。

我們在這一講主要說了「為什麼孔子當時能夠作為老師教學生是件很厲害的事」。其實，這也說明在孔子所處的時代，大多數人能夠擁有學習的機會，就是件很幸運的事了。

但這並不能完全解釋「學習的過程究竟快樂在哪

春秋形勢

裡」，對不對？

我們還是先來說說這個「學」字吧。舉個現在比較流行的奧數做例子，就是奧林匹克數學。不知道你們有沒有學奧數的經驗，如果沒有也沒關係，可以想想做那種特別難的數學題的感受。

我有一個女兒叫湯圓妹，念小學三年級的時候問我的一些數學難題，唉，連我這個爸爸也覺得頭疼：什麼「雞兔同籠」啊，「獵狗追兔」啊，「鐘面行程」啊……我們用列舉法、畫表格、畫圖形，做得非常複雜。

後來，我實在忍不住告訴她：「其實世界上有一個叫『方程式』的東西，妳知道嗎？妳只要學會列方程式、解方程式這一項技能，就可以輕鬆破解絕大部分這類問題。當然，小學老師不允許家長用方程式幫孩子解題，是因為這些題目能鍛鍊孩子的思維能力和邏輯能力。」

但是，湯圓妹在知道有方程式這個東西時，心情非常激動，就好像玩遊戲撿到了一個超級裝備，只要碰到這類題目，就想試用一下。

我不知道你們當時的心情是怎樣。我覺得，這就是「學」的快樂的重要表現——學到新技能後的成就感。

我們再來說說「習」，就是操練、做練習。一聽到這個，我相信不少人都會長嘆一聲：唉，好痛苦，好無聊，好沒意思啊！

其實，所謂「操練」，重點並不是一遍遍簡單重複。我們通常說的「大量作題」並非完全沒有意義，它不是無休止的數量累積，而是透過一定的練習、實際操作，消除由頭腦中的固有思維、身體上的陳舊習慣造成的障礙，讓學來的新知識、新技能越來越得心應手，融入記憶中，讓我們最終可以無須費力就自然而然地把它們使出來。

我們再舉個例子，這次不是數學，而是運動。

例如學騎自行車，學游泳。不知道大家是不是都會這兩項技能了？學這兩項技能，一開始當然需要有意識地反覆練習，但還是一不小心就會摔跤，一不小心就會嗆水。

大家是否記得自己是在什麼時候，或者說具體是在哪個時間點發現自己學會的？例如說：在二〇二〇年三月十七日下午三點二十七分，我在騎到三百二十七公尺的時候，或者游到第三圈的時候，發現自己學會了！

是這樣嗎？恐怕不是吧！反正我是根本不記得自己小時候是在哪個明確時間學會的。

或者說，本領其實是在不知不覺中學會的。就是這種不知不覺的感覺：哎？我已經往前騎了這麼遠啦？這圈游下來我都沒嗆水啊！

當你無須「意識」就能夠把一件事情做好，而且對這一點信心十足時，你就已經把這項技能「學會」並掌握了。做練習要達到的無非就是這個效果，所以達到這個效果以後再去反覆練習老動作，意義就不大了。

這裡要提一句的是，騎車和游泳這類技能，你只要學會了，是一輩子都不會忘記的。就算你二十年不騎車、不游泳，給你一輛自行車或者你掉進水裡，也不可能發生「哎呀，我忘記了！」的情況，你自然而然就會使用騎車和游泳的技能。這就是人類大腦和身體的記憶，很奇妙吧？

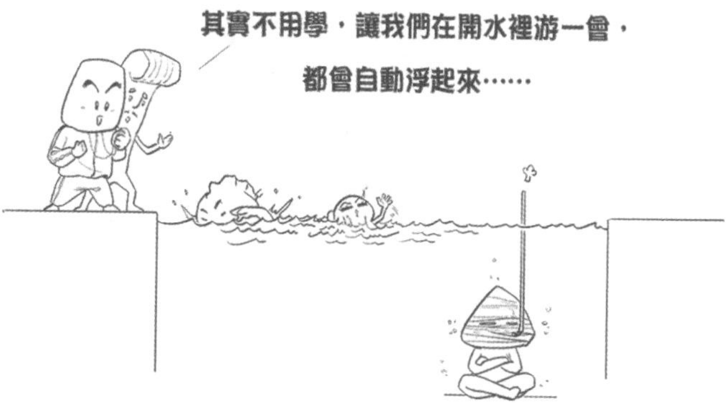
其實不用學，讓我們在開水裡游一會，
都會自動浮起來……

那為什麼還有很多人要重複騎車和游泳呢？因為做這件事的目的不一樣。例如：專業運動員每天騎車或游泳，是為了盡可能縮短時間、提高成績，在專業比賽中取得更好的成績；一般人每天騎車可能是因為要上下班，或者乾脆就是為了減肥。

同樣道理，大量做數學題理想的效果是這樣的：一看到這題，你就知道該用什麼方法去解決，並且有十足的把握做對。做到這一步，再去反覆練同樣類型的題目就沒有意義了，有這個空閒不妨學點別的，玩點別的，就算休息一下也好。

所以，練習的過程就是消除障礙的過程，它會令人身心越來越舒暢，越來越自信。這，就是「習」帶給人的快樂。

其實，學習的過程是一步步向上攀登的。我們最好把學習過程分解成一個個稍微容易的小目標，這樣每一個微小的進步，自己都能夠看得到，會更有成就感，繼續前進的動力也就更足了。

我小時候學過一篇叫《南泥灣》的文章，講的是二十世紀四〇年代，軍隊進駐到一個叫「南泥灣」的地方，展開大規模建設的故

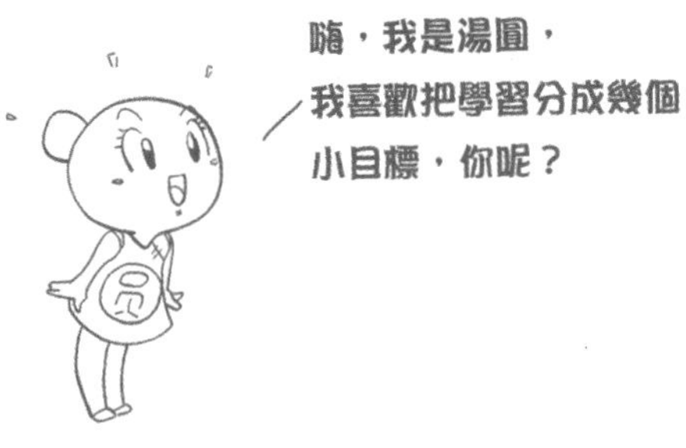
嗨，我是湯圓，
我喜歡把學習分成幾個
小目標，你呢？

事。當時的任務之一就是開墾荒地。那一大片荒地，看上去真讓人頭皮發麻啊！那麼，軍隊採取了什麼辦法呢？就是把這塊荒地橫橫豎豎劃分成無數的小方格，然後製定具體的指標，一天要開墾多少個小方格，他們還舉辦各種競賽。這樣一來，大家就目標明確，熱情也很高漲，完成時間比預定目標提前了很多。這個故事我一直記到現在。其實，它講的就是將一個大目標切割成一個個小目標。

當然，我們也必須要承認，實際的學習過程有時未必有這麼完美，也並非總在進步。我們會卡關，會繞彎路，甚至有時候會覺得自己在倒退——怎麼還沒以前做的好呢？！

但是，如果把目光放長遠，用未來「學有所成」時的眼光來看現在自己付出的努力，或許就會明白，停滯、反覆和繞彎路也可以是進步的一部分，而且所有這些經歷都會令自己受益無窮。

所以，在這個過程中，堅持是很重要的。宋朝有個叫陸游的詩人，他有一句古詩，可能大家都知道：「山重水複疑無路，柳暗花明又一村」。有時候，你再堅持一下，說不定就能突破一層境界，

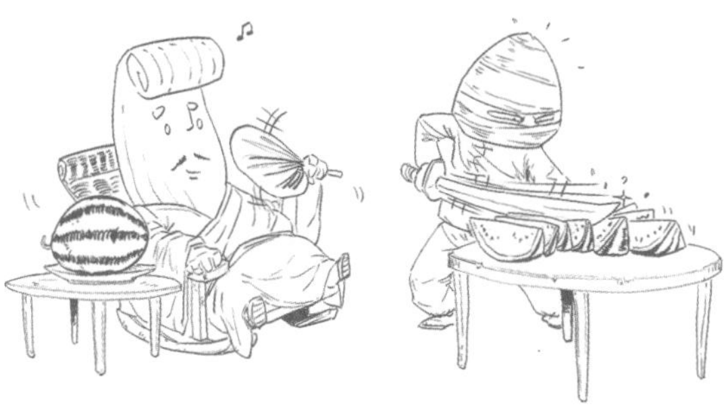

體會到學有所成的大快樂！

於是，我們又要說到《論語》裡孔子說的另一句話了：

「知之者不如好之者，好之者不如樂之者。」

這句話的意思是說：「知道這事，不如愛好這事；愛好這事，不如把這事當作快樂的事。」

把「學習」當作快樂的事，孔子他老人家可是身體力行地為我們做出好榜樣。《論語》裡記載孔子「在齊聞《韶》，三月不知肉味」。意思就是說，孔子在齊國學習《韶》樂，三個月嘗不出肉的味道。

《韶》樂是什麼呢？是孔子那時候的古典音樂，據說是大舜傳下來的。大舜是上古帝王，「五帝」之一。大舜的時代是古時候讀書人嚮往的太平盛世。

孔子在齊國聽到《韶》樂以後，就對它情有獨鍾，於是向齊國的大樂師請教、學習，然後終日練習彈奏，如痴如醉，不知不覺就手舞足蹈，就連夢裡也反覆吟唱，吃飯時也不忘沉思揣摩那音韻節

奏。一連三個月，他整個腦海、身心裡洋溢的都是音樂。三個月裡，他連最好吃的肉都不知道是什麼味道。

「三月不知肉味」這個典故，就是這樣來的。

這可能就是學習一個事物的最高境界吧！按我的經驗，大家在玩手機遊戲、看動畫片或漫畫時，勉強算達到這個境界。實事求是地說，在學校學習是一個需要吸收大量知識並堅持下去的過程，有時候確實壓力不小。

如果你告訴我去上課、每天做作業或複習簡直要開心死了，這個嘛，說實話我也不信。但是，就像前面說過的，學習這個過程中還是有很多可以收穫快樂的事，既然每個人都必須學習，就不妨像孔子他老人家說的那樣，把這事當作一件快樂的事吧！只要你用心去感受和發現，就能從中找到很多快樂。

好了，這一講的內容就到這裡。在下一講，我們要來看看另一種情況：如果你和朋友一起學習，會不會更快樂一些呢？

學而時習之，不亦說乎

【原文】子曰：「學而時習之，不亦說乎？有朋自遠方來，不亦樂乎？人不知而不慍（ㄩㄣˋ），不亦君子乎？」

【出處】《論語・學而》

【釋義】學習，是一件快樂的事。「學習」包含兩層意思，一層是「學」，另一層是「習」。「學」讓我們接觸到新鮮的知識，並且把它們吸收過來。「習」意味著操練，學到的東西要經過及時的練習，才能真正成為屬於自己的技能，在實際應用中發揮出來。

貴族才能學的「六藝」

・禮、樂、射、御、書、數。

「禮」是禮貌禮儀，「樂」是音樂詩歌，「射」是射箭，「御」是駕駛馬車，「書」是認字寫文章，「數」是測量和做算術。

在孔子的時代以前，只有貴族才有機會學習。他們的專業課程，被古代人總結成「六藝」。而到了春秋時代，隨著周王室越來越衰弱，「六藝」漸漸地流傳開來，而這也就是私人講學風氣的開始。

學習是件快樂的事

【原文】子曰：「知之者不如好之者，好之者不如樂之者。」
【出處】《論語．雍也》
【釋義】知道這事，不如愛好這事；愛好這事，不如把這件事當作快樂的事。
【理解】如果你能把學習當作快樂的事，你就達到了最佳的學習狀態。這個狀態將令你在當下和未來都受益無窮。

三月不知肉味

【原文】子在齊聞《韶》，三月不知肉味。
【出處】《論語．述而》
【釋義】孔子在齊國聽到《韶》樂（孔子那時候的古典音樂），之後就對它情有獨鍾，於是向齊國的大樂師請教、學習，然後終日練習彈奏，如痴如醉。一連三個月，他整個腦海、身心裡洋溢的都是音樂，連最好吃的肉都不知道是什麼味道。
【理解】現在後半句用得比較多，就是「三月不知肉味」，你以後也可以用在寫作裡，用來形容對一件事非常專注。

第四講

朋友切磋，歡天喜地

我想先說一部電影。我很喜歡美國導演斯史蒂芬．史匹柏，他前兩年拍過一部非常受歡迎的電影，不知道大家看過沒有，叫《一級玩家》。這是電影的中文名，它的英文名是「Ready Player One」。這是什麼意思呢？直接翻譯成中文，意思就是：「一號玩家——準備！」

這立刻就讓我聯想起小時候玩電子遊戲的情景。話說，我們那個時候可沒有現在幸福，沒有PS4（SONY生產的家用遊戲機）或Xbox One（微軟生產的遊戲機），更別提什麼電腦、手機了。不過，我們那時候也是有遊戲機，那種遊戲機是日本任天堂公司出品，我們都叫它「紅白機」，是要插到電視機上去玩的。那真的是很遙遠的回憶，你們現在肯定不會有這種體驗。當時，很多電子遊戲是要兩個人相互配合玩的，例如《魂斗羅》、《赤色要塞》、《沙羅曼蛇》等，這些都是很古老的名字，年輕人可以把這些名字說給長輩聽，尤其是男性長輩們，估計他們聽到後也會挺懷念的。

玩遊戲的時候，我就是「Player One」——「一號玩家」，而與我並肩戰鬥的人就是「Player Two」，就是二號玩家。當「開始」鍵，也就是「start」鍵被按下之時，無論是相互競賽還是彼此配合，我和朋友的快樂時光就由此開始，所以每到週末，我就特別盼望朋友能來我家。

當然，我每次玩遊戲都會限制時間，因為做任何事情，都要講分寸。

我們從遊戲這個話題轉回來吧，回到今天要說的話題，那就是：朋友切磋，歡天喜地。

孔子有專門的一句話來形容這種感受，這句話也出現在《論語》的開篇，就接在「學而時習之，不亦說乎」的後面：

「有朋自遠方來，不亦樂乎？」

該怎麼理解這句話呢？我們先來說說這個「朋」字。

「朋」，就是朋友的意思。古人說話比較簡潔，「朋友」就用「朋」一個字代替。那麼，你們有沒有想過「朋友」是什麼意思

呢？在我看來，「朋友」很重要的一點就是「志同道合的伙伴」。

我們不妨回憶一下，我們在講「學而時習之，不亦說乎？」這句話時，孔子他老人家形容學習的快樂，用的是「說」（悅）這個字。而在「有朋自遠方來，不亦樂乎？」這句話中，同樣表示開心快樂的意思，用的是「樂」，「快樂」的「樂」。

「悅」和「樂」有什麼區別嗎？我覺得還是有點微妙差別的。「悅」側重於內心感受，是比較溫柔內斂的快樂。而「樂」呢，比較熱情洋溢，像是和親朋好友一起開懷大笑，氣氛熱鬧。《論語》中也描述了孔子和一群弟子歡聚一堂的場面，原文就是「子樂」。我們之前說過，「子」就是指孔子，所以「子樂」的意思就是「孔子樂開懷」。

所以，既然我們已經把「悅」翻譯成「快樂」，那「有朋自遠方來，不亦樂乎？」中的「樂」又該怎麼翻譯呢？我覺得可以翻譯為「歡天喜地」，以顯示出程度的差別。那麼，「有朋自遠方來，不亦樂乎？」整句話的意思就可以翻譯成：

「有志同道合的伙伴從遠方來找我，這難道不令人歡天喜地嗎？」

我們來看，《論語》開篇第一句先講學習，然後就講朋友，這是為什麼呢？因為學習的快樂和交朋友的歡喜，這兩件事情是有關聯的。

無論學習什麼，如果有志同道合的好友做伴，彼此鼓勵、互相切磋，不僅學習的過程會歡天喜地，學習的效果也很可能會好不少呢！

我相信，大家應該都有過這樣的經歷：和同學一起學英語，互相考問單字；讀國文，讀歷史，興致勃勃地交流各自喜歡的內容，可能還會為心目中英雄人物誰強爭個面紅耳赤。更不用說打球、下棋這些帶有競爭性的活動了，假如沒有朋友一起玩，互相做對手，怎麼學下去呢？當然，假如你是位天生骨骼清奇的武學奇才，獨自一人練成高手倒也不是不可以——但高手終究是寂寞的，就像金庸先生的武俠小說裡的「獨孤求敗」，你們看看他的名字，「獨孤」就是孤獨啊。

唐朝的偉大詩人杜甫，有時會很思念他的好朋友，他的好朋友也是一位偉大的詩人，名字叫李白。

杜甫曾寫過一首詩，〈春日憶李白〉，裡面就有一句：「何時一樽酒，重與細論文。」意思就是，「什麼時候能一起再喝杯酒，討論一下寫文章的心得呢」？

杜甫和李白堪稱唐朝最偉大的兩位詩人，但是你們看，高手與

高手之間還是需要切磋和交流的，那種心情確實是發自真心的開心。

可能有些人就要問了：我也想交到可以互相切磋、互相幫助的好朋友啊，怎麼判斷我的朋友是不是這樣的人？

孔子在《論語》裡提出了一個方法，他總結交朋友的一個原則：「三益三損。」

這段話原文是：

「益者三友，損者三友：友直，友諒，友多聞，益矣；友便辟（ㄆㄧㄢˊㄆㄧˋ），友善柔，友便佞（ㄆㄧㄢˊㄋㄧㄥˋ），損矣。」

在這段話裡，「直」就是正直，「諒」就是守信用，「多聞」當然就是見多識廣。「便」是個多音字，在這裡不讀ㄅㄧㄢˋ，這裡的意思是喜歡並且擅長。「便辟」簡單說就是喜歡拍馬屁。「善柔」在這裡的意思可不太好，說的是表面一套、背後一套，兩面三刀。「便佞」的「佞」就是我們常說的「佞臣」的「佞」，「佞臣」就是奸臣，而「便佞」在這裡指的是一個人能說會道，但沒有實質內容，滿嘴信口開河，更不能說到做到了。

這段話用現在的語言完整解釋一下就是：

「有三種朋友，交了是有好處的；有三種朋友，交了是要吃虧的。和正直、守信用、見多識廣的人交朋友，對自己有益；和愛拍馬屁、兩面三刀、能說會道但不能說到做到的人交朋友，對自己有害。」

大家請看，孔子他老人家說能交的前兩類朋友是正直、守信用的，他首先側重的是朋友的道德品格。好的道德品格可以歸結為「真誠」。而第三點「見多識廣」雖然不是道德品格，但是以道德為前提。你們想，見多識廣的人如果仗著自己見識多就陷害拐騙，這樣的朋友還值得交嗎？

至於那三種有害的朋友，他們的道德品格可以歸結為「虛偽」。和虛偽的人交朋友，害處可大了，我們不妨簡單總結成三點：

第一，和這樣的人在一起如果沾染了他們的習氣，你也會變成虛偽的人，這本身就是大害處；

第二，和這類人一起，你不容易聽到真話，這會矇蔽你的雙眼，讓你對自己的能力、自己所處的形勢產生錯誤判斷；

第三，你的錯誤判斷本身就會令你在現實世界蒙受損失，更不用說虛偽的壞朋友會利用你的無知，在背後讓你吃虧了。

由此可見，判斷一個朋友是不是值得交，是一件非常重要的事。我們要和真誠的人交朋友，遠離虛偽的人。

其實，關於交朋友，孔子還說過一句話，這句話聽起來還真挺有爭議的。這句話就是：「無友不如己者。」

在這句話裡，「友」是名詞當動詞用，這在古文中是一種常見的用法，意思就是「交朋友」。這句話字面意思很簡單，就是：「不要跟不如自己的人交朋友。」

啊？不對啊！這句話聽起來好像有點問題啊！

不跟不如自己的人交朋友？那就意味著交朋友起碼要找跟自己差不多的人，最好能往上攀比，找比自己強的人，這樣才能有所得，獲得幫助，才划得來——這話聽起來非常「勢利眼」啊！是不是過於功利了？難道比自己弱小的人，不能給自己帶來幫助的人，就不能和他們交朋友了嗎？

而且最關鍵的是，你們發現沒有，這裡面還有個邏輯

和我做朋友有好處，我條理分明。
和我相處有好處，我肚子裡有東西。
和我交朋友有好處，我很誠實。
和我玩吧！我又軟又糯哦！

上的矛盾！

不和不如自己的人交朋友？那好，假如每個人都嚴格奉行這個理念的話，任何人其實都交不到比自己強的朋友！為什麼？因為你要交比你強的朋友，那就說明你比他弱，但對方也奉行這個交友原則啊，你比他弱，他就不會和你交朋友了！

關於這句話，後世也有許多不同的理解。

我想結合前面孔老夫子說的「三益三損」，說說我自己的理解。

「無友不如己者」其實包含了三層意思。

第一層意思，前面說過，「三益三損」側重的其實是道德品格，也就是我們所說的「人品」。從某種程度上說，孔子認為，「人品」是交友的第一原則，人品好，就值得結交，人品不好，也就是在道德方面有缺陷，哪怕他在其他方面再優秀，也是不值得交的。

第二層意思在我看來更像一句提醒，提醒什麼呢？就是如果一個人只願意和不如自己的人交朋友，他可能在心情上會舒暢些，也會更輕鬆些——自己各方面都比對方要強嘛！但是，如果你的朋友都不如你，你在個人發展上是很難有進步的。這不是說對方無法幫助你，而是說你會因此偷懶和滿足於現狀。

所以，孔子想表達的意思其實是：不要總是沉浸在周圍人都不如自己的幻想之中，那是不真實的，讓自己的朋友圈多一些比自己優秀的人，其實是一件非常好的事情。

說到這第二層意思，有人可能會說：道理我懂啊，那麼，怎樣才能結交到比自己更優秀的朋友呢？有時候我願意，人家也未必願意，對方也想結交比自己優秀的人啊！

真的沒辦法嗎？辦法當然還是有的，例如，先努力讓自己變得更優秀！如果你有這樣的想法，那麼你想結交比自己強的朋友的心情，就會轉化成為你學習的動力。

例如說，你很想和一個人甚至一群人成為好朋友，他們都喜歡打籃球或打網球，但你都不會，該怎麼辦？是一句嘆息嗎？「唉，我都不會，算了算了。」當然，這句回答可以很輕鬆，但是更好的回答應該是：「我不會，但我會努力去學！」你甚至可以問一聲：「你們可以教教我嗎？」

這樣，結交比自己更優秀的朋友的動力，不就表現出來了嗎？你自己也會努力變得更優秀。所以，孔子這句話，其實是想勸你多交些比自己強的朋友。

然後，我再說說我理解的第三層意思，就是：在人品好的前提下，每一個值得成為你朋友的人，其實都有自己突出的優點。

在這層意思上，孔子其實還說過一句很有名的話，我想你們也聽過，就是「三人行，必有我師焉」（在後面的章節中會詳細講），意思是幾個愛好相同的人走在一起，裡面必然有值得自己效仿學習的人。

所以，雖然孔子說過「無友不如己者」，但他也說了「三人行，必有我師焉」，這可以理解為：如果你心思足夠細膩、眼光足夠敏銳、交友足夠真誠，能夠隨時隨地發現別人的長處，那麼，在認可人品、志趣相同的前提下，其實並沒有什麼所謂「不如」自己的朋友。

這兩句話在我看來，是相輔相成的。

其實，交到一個值得結交的朋友，就是打開一個通向新世界的窗口。打個比方，假如天上的飛鳥和水裡的魚交上了朋友，那麼天空對魚來說就多了一層意義。儘管魚此生不太可能飛上天，但是天空是牠朋友生活的地方，因此魚在某種意義上分享了天空——想想，這是不是有些奇妙？

其實，交朋友就是這樣的：彼此分享世界，在分享世界的過程中，彼此的世界變大了，彼此心靈之間的距離拉近了。我們在這個世界上，能夠與他人心靈相通真的是一件非常令人開心的

事，這個道理你們肯定會慢慢明白的。

所以從這一點來看，我們是不是能更理解孔子的這一句「有朋自遠方來，不亦樂乎」了？

而且，孔子那個時代的「自遠方來」，可是真正的「自遠方來」。我們現在從上海飛到紐約也就十多個小時，甚至朋友之間可以不見面，透過網路就能聊天，還能進行視訊通話。在他們的那時候，沒有網路也沒有手機，朋友之間只能見面聊天，一個朋友從河南到山東來看他，可能就要走上一個月呢！

所以我們想像一下，一個久別的朋友，跨越千山萬水來看望你，是不是一件很開心的事呢？如果這個朋友和你心意相通，你們兩個人能夠互相切磋、互相鞭策，是不是會開心得飛起來了？

最後，我想用孔子的一個弟子說過的話作本講結尾。

這個弟子叫曾參（ㄕㄣ）。（他後來也成了一位很有名的

感謝您搭乘中原訪友專車，本次目的地洛陽，預計行程35天，請您繫好安全帶，收起餐桌板……
MENTAL.H

大學問家，我們尊稱他為「曾子」。）曾子說的那句話，可以看作是對孔子「無友不如己者」的一個側面解釋，這句話是這樣說的：「君子以文會友，以友輔仁。」

此處的「文」，我們不妨廣義地把它理解為各種才藝。這整句話的意思是說：「君子用各種才藝來結交朋友，並借助朋友來增進自己的仁德。」

本講重點

孔子的交友標準：三益三損

【原文】益者三友，損者三友；友直，友諒，友多聞，益矣；友便辟，友善柔，友便佞，損矣。

【出處】《論語．季氏》

【釋義】有三種朋友，交了是有好處的；有三種朋友，交了是要吃虧的。和正直、守信用、見多識廣的人交朋友，對自己有益；和愛拍馬屁、兩面三刀、能說會道但不能說到做到的人交朋友，對自己有害。

有朋自遠方來，不亦樂乎

【原文】子曰：「學而時習之，不亦說乎？有朋自遠方來，不亦樂乎？人不知而不慍，不亦君子乎？」

【出處】《論語．學而》

【釋義】有志同道合的朋友從遠方來找我切磋，這難道不令人歡天喜地？

【理解】《論語》中，「有朋自遠方來，不亦樂乎」緊接在「學而時習之，不亦說乎」之後出現，因為學習的快樂和交朋友的歡喜，是相關的。無論是哪一種學習，如果有志同道合的好友做伴，彼此鼓勵互相切磋，不僅學習的過程會與高采烈，學習的效果也很可能會更好！

無友不如己者

【原文】子曰：「君子不重則不威，學則不固。主忠信，無友不如己者，過則勿憚改。」

【出處】《論語．學而》

【釋義】不要跟不如自己的人交朋友。

【理解】不是說不和不如自己的人交朋友，而是說不和與你志不同道不合的人（像是人品有問題的人）做朋友。而且只要你心思足夠細膩、眼光足夠敏銳、交友足夠真誠，就沒有所謂「不如」你的朋友。而且，你還能從朋友身上學到很多優點。

本講重點

以文會友，以友輔仁

【原文】曾子曰：「君子以文會友，以友輔仁。」

【出處】《論語．顏淵》

【釋義】君子用各種才藝來結交朋友，並借助朋友來增進自己的仁德。

第五講

做一個君子

「學而時習之，不亦說乎？有朋自遠方來，不亦樂乎？」這兩句都出現在《論語》開篇第一段。這第一段其實我們並沒有講完，還有一個尾巴。完整的《論語》開篇第一段是這個樣子的：

子曰：「學而時習之，不亦說乎？有朋自遠方來，不亦樂乎？人不知而不慍（ㄩㄣˋ），不亦君子乎？」

這一講，就從這一段的最後一句說起。

首先，來看這個「慍」字。「慍」這個字的意思就是「生氣」。那「君子」是什麼意思呢？「君子」這個詞我們今天依然在使用。大家都知道，「君子」是對人的一種評價，指的是值得尊敬的一種人。可是，究竟什麼樣的人才稱得上「君子」呢？在這一講中，我們就討論這個主題。

我先插一句：閱讀這本書的女性們，妳們不要覺得，「君子」嘛，說的是男性，這一講就不看啦！其實並不是這樣的，孔子講的「君子」的內涵對男生和女生都是一樣的，並不只是指男生。

為什麼呢？看下去就知道！

現在回到這句「人不知而不慍，不亦君子乎？」它的完整意思就是：「即使有人不了解我，我也不生氣，這不就稱得上是君子嗎？」

我們之前問：究竟什麼樣的人才稱得上是君子？孔子在《論語》一開始就給了答案。但是，這句「即使有人不了解我，我也不生氣」聽起來還是有點抽象，究竟是怎樣的一種感受呢？

下面就來說一種感受。假設在課堂上，你不完全同意老師的某個觀點，你有自己的想法。老師也耐心聽你發表自己的觀點，但是他說你這樣想是不對的，可是你覺得自己的說法是有道理的。此時此刻，你的心情是不是有點委屈？

再說一種感受：你和朋友們一起做數學題。你發現書上教的解題方法不夠好，你有更簡單、更好的方法。當你興致勃勃地想把自己「發明」的解法推薦給朋友時，朋友卻不感興趣，說：照書上說的做，能得到答案不就行了嗎？還想那麼多幹什麼？這時候，你會不會有點苦悶，甚至有點生氣呢？你覺得自己明明有更美好、更正確的東西想要獻給世界，可是世界不認同、不接受，甚至根本不感興趣。啊，愚蠢的人們！愚蠢的世界！

在這個時候，先要告誡自己不要生氣，要冷靜地多想想。

首先——這個可能性是很大的，不是我要打擊你的積極——很有可能老師真的是對的，你真的是錯的。這樣的話有什麼好生氣呢？情緒化只會讓你看不清自己。

其次，即使你是對的，也談不上「世界不接受你的美好、你的正確」。如果你特別在意別人是不是贊同你，那就說明你在意的並不是這個世界怎麼了，你在意的只是有人不了解你的優秀。而且，我還要說一句，有時候人會對自己有種「迷之自信」。

舉我自己的例子。我小時候有一段時間覺得自己唱歌唱得不錯，尤其是在家裡浴室一邊洗澡一邊唱歌的時候，感覺自己的聲音特別有感染力。所以我就想：哎呀，我要不要去當歌星呢？會不會一個唱歌的天才就此被埋沒？後來，我參加了一個地區性的唱歌比

賽，看到很多比我優秀的歌手，我才知道：哦，原來是自己想多了。

當然，還有最後一種情況，我必須要說，這也是有可能的，那就是：你眼光犀利、品味獨到且堅韌不拔，發現了切入某個問題的新視角，做出具劃時代意義的偉大發明，以至於和你同時代的人很難理解你。這種情況當然也是有可能存在的。

例如，荷蘭有一個偉大的畫家叫梵谷。在他死後，他所有的作品都能賣出天價，高達幾億美元。但他生前卻只賣出過一幅畫，而且只賣出區區四百法郎，據說這幅畫還是他弟弟為了維護他的面子，拜託別人來買的。

法國大數學家伽羅瓦年紀輕輕就創立了數學中的「群論」。可是由於他的思想過於超前，同時代的大數學家們都理解不了他，直到去世十幾年後，他的成果才得到廣泛認可。

就連偉大的科學家愛因斯坦剛剛發表相對論的時候，也有很多人因為看不懂而完全不理解他！愛因斯坦還算好的，很快他的理論

就被大家認可了。前面兩位先生在活著的時候，可以說是「天涯無處覓知音」，當然，如果你也有這樣的苦惱，請先受我的膜拜吧！

但接著我想說：這時候就更要「人不知而不慍」啊！

世界上難以找到理解你的人，沒錯；你在意的不是虛榮，只是希望世界接受你的好東西，也沒錯。但是，還是請你不要太難過，因為你的苦惱正是千百年來人類文明史中「天才」的苦惱！大家可能聽說過義大利文藝復興時期的科學家、思想家布魯諾，他反對當時「地球是宇宙中心」的理論，支持哥白尼的「日心說」，也就是地球是圍繞太陽轉的。最終，他被宗教裁判所送上火刑柱活活燒死。和他比起來，想想看，你只是知音難覓，這樣想，會不會好受些？

其實，對於人類文明史上的天才人物而言，孔子這句「人不知而不慍」，也許就是一個提醒，也是一種呵護。這話提醒天才們，不要因為知音難覓的寂寞，就讓自己那精采卓越的生命能量轉而成為傷害自己的力量；要敞開心扉熱愛生活，要相信人類，相信歷史，相信未來，相信時間會消融你的寂寞，相信真正的美好終有一天會被世界看到。

當然了，我也要強調一下，孔子這句「人不知而不慍」並不是專門為天才們準備，而是對我們每一個普通人說的。就算別人不了解我們的才華和實力，自己也能用一種平和的心態來看待、不生氣，這樣就可以稱得上是一位君子了。

你們看，這也就意味著，「君子」不是遙不可及，和一個人的地位、天分、財富都沒有關係，而是根據一個人內在的涵養和修煉來的。我要特地提一句，為什麼前面說女性也應該看呢？因為「君子」的定義和性別沒有關係，女性如果能夠達到這個境界，也可以被稱為「君子」。

就像「先生」這個詞，一般總覺得是指男性，但其實，只要女性擁有較高的學識或地位，一樣可以被稱為先生。例如：我們知道的著名學者錢鍾書先生，他的夫人楊絳，我們就一直尊稱她為「楊先生」；宋代有個很有名的女詞人叫李清照，我們也會稱她為李清照先生。

可能有些人會問：這樣聽起來，「君子」好像不是很難當的嘛，我只要勸自己在別人不了解自己的時候別生氣，就可以了嗎？

首先，這件事說起來容易，做起來可沒那麼簡單，要不然君子也太好當了吧？有一類人，自己內心其實完全沒達到這樣的標準，但還要在表面上假裝不在乎或顯得非常道德，這類人我們會給他另

一個三個字的稱號，比「君子」多一個字，叫「偽君子」。

其次，「人不知而不慍」的進一步延伸，就是「寵辱不驚」。了解這個詞，你可能會對「君子」有更深入的理解。從字面上說，「寵辱不驚」這個詞的意思就是：無論受寵還是受辱，都不會在意、不會計較。

現在，就繼續順著「君子」的話題，來說說「寵辱不驚」。還是先看個小故事吧。

故事的主人翁叫褚季野，是古代東晉時的著名大臣，曾經做到大將軍。他年輕的時候就已經是大名士。雖然名氣挺大，可是他當時沒什麼官職，所以認識他的人並不多。

有一次，他送幾個老朋友路過現今杭州的錢塘縣，住在一家客棧裡。當時錢塘縣的縣太爺叫沈充，沈充那天正好送客人路過，也打算住這家客棧。不巧的是，客棧客滿，沒房間了。客棧的伙計看到縣太爺帶著人到了，為了騰出房間，就把褚季野趕出客房，讓他住牛棚。褚季野沒說什麼就照辦了。

晚上，縣太爺沈充起來散步，好奇地問伙計：「牛棚裡住的是什麼人？」伙計回答說：「哦，是一個江北來的鄉巴佬。因為您是貴客，所以暫且讓他住牛棚。」沈充當時喝了一點酒，就趁著酒興遠遠向牛棚喊：

「喂，江北佬，我們一起吃個宵夜好嗎？你叫什麼名字？我們聊聊吧。」

牛棚裡傳來回答：「在下是河南褚季野。」

其實，遠近的人都聽過褚季野的大名，所以沈充一聽就有點慌了。他不好意思勞動褚季野的大駕，就自己跑到牛棚前遞名片、做自我介紹，然後命人就在牛棚備起酒菜表示歉意。褚季野和沈充一起喝酒吃菜，言談神色和平常沒什麼兩樣，像是沒覺得有什麼特別。最後，沈充一直護送褚季野出錢塘縣。

這個故事出自一本同樣很有意思的書：《世說新語》。

你們看，褚季野做到的就是「寵辱不驚」。無論別人怎麼對待自己，他的反應都是平平常常，彷彿內心和外表都不起波瀾。客棧伙計不知道褚季野是大名士，讓他住牛棚；縣太爺沈充開始不知道是他，言語中有點看不起他，但他像沒事人一樣；到後來大家知道他的身分，慌亂起來了，他也沒有責怪的意思。這種「寵辱不驚」，其實就是孔子說的「人不知而不慍」的境界。所以，至少從這一點上來說，褚季野先生稱得上是「君子」。

對於「寵辱不驚」這個詞，還可以進一步理解為：虛榮、浮

華、排場之類的東西都是外在世界加給自己的，一個稱得上「君子」的人，無須在意這些。你有多麼優秀、多麼厲害，都是你自己的事情，世人了解你也好、不了解你也罷，對於你的實力、特質能有什麼影響嗎？人家了解你，吹捧你，奉你為貴客，往好的說，不過是給你增加些虛榮排場罷了，往壞的說，甚至還是給你添麻煩。君子應該看重的是自己的內在修養。不管面對任何事情，小到前面提到的自己的觀點不被老師理解，大到一個可以名垂青史的貢獻不被人類理解，我們都要有「人不知而不慍」的心態，堅持自己的信念。達到這種心態，我們就可以被稱為君子了。

《論語》這部書中提及「君子」的話不少，這是因為屬於「君子」的美德有很多，講也講不完。不過，「人不知而不慍」或「寵辱不驚」，可說是「君子」擁有的美德的基礎。

如果你具備這樣的基礎，那麼各種美德都會到你身上。而要具備這個基礎，就要先做到兩點：第一，看重自身內在素質的修煉，不在意外在的虛榮浮華；第二，心胸開闊，對人懷有善意的信任，

對未來抱有善意的希望。

最後，我覺得有必要再講講孔子那個時代對於「君子」的定義。

我們今天講「君子」，都是站在「美德」這個角度。可是在孔子的時代，「君子」的講法是有點特別，按照那個時代的講法，用來區分「君子」和「小人」的不是美德，而是社會地位：「君子」指的是貴族，也就是社會的統治者、管理者；而「小人」指的是平民百姓、被統治者、普通勞動者，大家看電視劇，常常能聽到「小人在」、「小人以為」的說法，就是這個意思，但這並不是說話的人覺得自己是個道德敗壞的人。

透過「美德」的有無來區分「君子」、「小人」，而不是透過地位，是孔子首先提出來的。

我們前面說過，孔子是教育界的祖師爺，是私人講學風氣的開創者。在那個風雲動盪的時代，貴族的專業課程逐漸流傳到了民間，普通百姓逐漸有學習的機會，從而就有了改變自己社會地位的

可能。

身處這樣的時代，孔子應該已經敏銳地感覺到：僅僅根據社會地位來區分「君子」和「小人」，已經落伍了。比起社會地位，更應該強調的是人自身內在素養的修煉。而且，每個人都應該擁有修煉內在素養的機會和提升自我的可能。要怎麼才能做到這一點呢？就是透過學習，透過和志同道合的朋友們一起切磋；這樣的過程是喜悅、充滿快樂的。你們看，現在是不是已經把《論語》開篇第一段的意思融會貫通了？

說到這裡，可能有些人會有些擔心：都已經看到第五講，還只學了《論語》開篇的第一段，這樣下去何年何月才能學完《論語》？其實不用擔心。這開篇第一段是整部《論語》的綱領，是最重要的，所以我們要詳細地多用些篇幅來仔細地講。

我們已經看到，這段話反映了歷史進程的關鍵轉折，是孔子對時代脈絡的準確把握，其中也有慈祥的愛護、溫馨的鼓勵。

那麼，就讓我們再次完整地複習一下《論語》的開篇第一段吧！孔子還說過一句「溫故而知新」，就是「複習學過的東西，獲得新的體會」。

《論語》的開篇第一段是：

子曰：「學而時習之，不亦說乎？有朋自遠方來，不亦樂乎？人不知而不慍，不亦君子乎？」

熱愛學習，樂於和朋友切磋，寵辱不驚，相信未來——這就是孔子他老人家在《論語》開篇的教導。

從下一講開始，我們將接觸《論語》中頻繁出現的一個字，而這個字，也是孔子思想的核心之一。究竟是哪個字呢？下一講揭曉答案！

| 本講重點 |

人不知而不慍

【原文】子曰：「學而時習之，不亦說乎？有朋自遠方來，不亦樂乎？人不知而不慍（ㄩㄣˋ），不亦君子乎？」

【出處】《論語．學而》

【釋義】「即使有人不了解我，我也不生氣，這不就稱得上是君子了嗎？」

「君子」v.s「小人」

「君子」是對人的一種評價，它指的是人格和品德都高尚的人，是值得我們尊敬的一種人。

在孔子那個時代，「君子」和「小人」是按社會地位區分的。孔子認為「君子」

和「小人」可以超越社會地位，用美德來區分。對一位君子而言，重要的是自己內心的修煉和領悟，而不是外人對他的看法和評價。

寵辱不驚

【釋義】無論受寵或受到侮辱，都不會在意，不會計較。

【理解】「寵辱不驚」是對「人不知而不慍」的一種更具體的解讀，可以說是「君子」所擁有的美德基礎。

這兩點基礎是：第一，看重自身內在素質的修煉，不在意外在的虛榮浮華；第二，心胸開闊，對人類懷有善意的信任，對未來抱有善意的希望。

《世說新語》

劉義慶等編撰，記載東漢後期到魏晉間一些名士的言行與逸事，是魏晉南北朝時期「筆記小說」的代表作，也是中國最早的一部文言志人小說集。

人物清單

【褚季野】褚裒（ㄆㄡˊ），西元三〇三至三五〇年，字季野，東晉著名大臣、大

本講重點

將軍，河南郡陽翟縣（今河南省禹縣）人。

【尼古拉．哥白尼】西元一四七三年至一五四三年，波蘭數學家、天文學家，提倡「日心說」。

【喬爾丹諾．布魯諾】西元一五四八年至一六〇〇年，義大利科學家、思想家，堅定支持「日心說」。

【埃瓦里斯特．伽羅瓦】西元一八一一年至一八三二年，法國數學家，創建群論、域論。

【文森．威廉．梵谷】西元一八五三年至一八九〇年，荷蘭畫家，代表作：《星夜》、《向日葵》。

第六講

「仁」到底是什麼？

前文說道，《論語》中有一個頻繁出現的字，可以說是整部《論語》的核心之一。這個字是什麼呢？就是「仁」。

在第四講「朋友切磋，歡天喜地」中，介紹過孔子弟子曾參說的一句話：

「君子以文會友，以友輔仁。」

它翻譯出來意思就是：「君子用各種才藝來結交朋友，並借助朋友來增進自己的仁德。」這句話說的是我們交朋友的一種標準。

什麼是「君子」，我們已經討論過。這一講就來討論一下這個「仁」字。

「仁」到底指什麼？說實話，這個問題還真不容易回答。

在《論語》整部書中，關於「仁」的討論就有五十多處，「仁」這個字更是出現一百多次。

孔子和他的弟子們從各種不同的角度描述「仁」，卻從來沒有給「仁」一個明確的定義。或許，這就是讀古書的魅力所在：隨著見識、閱歷的增長，我們對於「仁」的體會自然會一點點地豐富起來。

有時候，孔子對於「仁」的描述直截了當，而且看上去非常簡單。例如《論語》中有這樣一段：

樊遲問仁。子曰：「愛人。」

樊遲是孔子的弟子之一。這裡說的是，樊遲向孔老師請教什麼是「仁」。孔子說，這個問題簡單，就兩個字：「愛人。」

這也是我們熟知的「仁者愛人」的出處。不過，「仁者愛人」這四個字，不是出自《論語》，而是出自另一部儒家的經典著作《孟子》。

是不是覺得，哇！好簡單啊！「愛人」嘛，都用不著翻譯，因為我們今天也是這樣說的。如此一來，「仁」的意思不就很好理解嗎？照孔子他老人家的說法，「仁」就是「愛人」，就是「對人要有愛心」。

這樣理解有錯嗎？沒錯。但是問題來了：既然「仁」看起來那

麼簡單，在《論語》中，孔子怎麼幾乎從沒有認同誰真正做到「仁」呢？

他老人家在《論語》裡的話往往是這樣的話風：「這位古人啊，十分忠誠、清廉，難能可貴。至於他是不是做到了『仁』，我可不敢說。」、「哎，這位學生啊，治理國家是一把好手，是個人才啊！可是要說他做到了『仁』，不見得吧。」

哪怕孔子對心愛的弟子顏回的評價一向非常高，但在「仁」這件事情上，孔子只承認顏回最多也就連續三個月不違背「仁」的標準。在《論語》裡，孔子評價顏回的話是這樣的：

子曰：「回也，其心三月不違仁，其餘則日月至焉而已矣。」

至於其他人，孔子認為只能夠隔十天半個月偶爾達到「仁」罷了。

所以，這就是問題所在：如果「仁」那麼簡單，就是對人要有愛心，在《論語》中，「仁」為什麼經常顯得很難做到呢？

其實，很多事情都是這樣的：道理說起來很簡單，彷彿人人都

能明白，例如「仁」就是「對人要有愛心」，可是真正實踐卻不容易。尤其是要一輩子持續地保持「對人有愛心」的狀態，實在是難上加難。

所以，要理解「仁」的內涵，不妨從「對人有愛心」開始。例如，「愛心」究竟是什麼？「有愛心」又意味著什麼呢？

我們先來看個故事。這個故事的名字叫《赤心國》，是中國現代藝術家豐子愷老先生的作品。豐子愷先生的兒童漫畫也非常出色，大家如果有興趣的話，可以去看一下。

《赤心國》這個故事的主人公是一位軍官，為了逃避戰亂，他誤打誤撞地來到一個叫赤心國的「世外桃源」般的國度。這個國家的人把這位軍官招待得很好，可是軍官發現，赤心國的人對他那個世界的很多東西都感到陌生，感到無法理解。例如「鑰匙」：鑰匙可以把箱子上的鎖打開，而鎖箱子是為了避免有人從箱子裡把自己的衣服偷走。赤心國的人說，天底下怎麼可能有「偷」這種事情呢？你衣服被偷了，你感到冷，難道偷衣服的人就不會冷嗎？

軍官透過詢問，終於明白了。原來這個國家的五百個人，只要有一個人感到冷，其餘的人都會感到冷。同樣地，只要有一個人肚子餓，其餘的人都會感到餓；只要有一個人遇到危險、驚慌不安，其餘的人都會不安，於是所有的人都會想辦法幫助這個人。

為什麼會如此呢？因為這個國家的每個人都有一顆「赤心」，其中國王的赤心最大，六個當官的赤心比國王的小一點，其餘的都是民眾，他們的赤心又再小一點。赤心越大，感覺越靈敏。例如，五百個人中有一個人因為沒有衣服穿而感到冷，國王最先有同感，接著是當官的，最後所有人民都覺得冷，所以，在這個國家，偷衣服是沒用的。

軍官認為，「赤心國」真是一個理想的世界啊！這個世界裡的每個人都彼此心意相通，共享和平幸福的生活。漸漸地，軍官融入了赤心國的生活，和他們同歡樂、共患難。除了身上沒有長赤心以外，他簡直和他們一樣。

但是，經過一連串陰差陽錯的事件，這名軍官最終還是被送回他原先的那個「正常」世界。他把自己在赤心國的奇遇講給人們聽，並且希望把他所在的社會改造成和赤心國一樣，但大家都笑他是個傻瓜。

故事的最後說，軍官不與人爭辯，自己努力思考著改良社會的辦法，然後呢？然後……直到現在還在努力思考著。

《赤心國》的故事講完了，你是不是想問：《赤心國》這個故

事和《論語》裡孔子說的「仁」有什麼關係嗎?當然有關係。

你可以仔細回味一下這個故事,它和「仁」到底有什麼關係?賣個關子,放到下一講說。我先說說我的看法吧。

我覺得這個故事講的赤心國的最大一個特點,就是每個人都能彼此心意相通。有一個專門的成語是形容這一點的,就是「感同身受」,意思就是雖然沒有親身經歷,但感覺像親身經歷過一樣。

而這種「感同深受」,其實就是「愛」的表現,也是「對人有愛心」的基本前提,換句話說,是「仁」的基礎。

其實,「仁」這個字就包含一種敏銳的感受力,一種「心意相通」。我們知道還有一個成語叫「麻木不仁」對不對?這個成語形容的就是這樣一種人,他沒有感受力,對外界事物反應遲鈍、漠不關心。由此可見,從一定意義上說,「麻木」就是「仁」的反面,意思就是原本該通的地方不通了,原本該有感覺的地方沒有感覺了。而「仁」就是感受力暢通無阻,所以做到這一點的人能敏銳地感受到他人的感受,就必然會和他人同歡樂、共患難,於是他們的外在表現就是孔子他老人家說的「愛人」,就是「對人有愛心」。

可能有的人會說,能感受別人的感覺好像並不容易!所謂的「赤心」這個器官,只是童話故事中虛構的。確實，在現實世界中，人的身體並不能感受到他人的感覺。別人冷了，你不會感受到冷；別人餓了，也不會使你感受到餓。你能夠做到的，就是表現出對別人的「同情心」，並受「同情心」的驅使來幫助別人。而這種對他人的體驗「感同身受」的能力，可以用一個專有的詞來描述，就是「同理心」——就是能設身處地為他人著想，感受到他人的痛苦。

雖然我們沒有「赤心」這個器官，但「同理心」是確確實實存在的東西，每個人原本就有，而且可以透過學習、培養讓它更加敏銳、寬廣。我們再回到上面《赤心國》的故事，那位軍官不是就漸漸地融入了赤心國的生活，和當地居民同歡樂、共患難了嗎？雖然他沒有長出「赤心」，可是他的「同理心」在那種世外桃源般的生活中得到滋養，變得更加敏銳和寬廣了。

所以，從某種意義上說，「仁」這個字本意中包含的「相通」、敏銳的感受力，指的不僅僅是生理上的能力（例如故事中「赤心」的能力），更是一種心靈的能力，簡單地說，就是前面說的「同理

心」。每個人多多少少都有同理心，所以孔子講「仁」就是「愛人」，我們都會覺得容易理解。可是要時時刻刻都保持富有同理心的狀態是很難做到的，所以，孔子從不輕易認可誰達到了「仁」的境界。

那麼，如何讓自己變得更有同理心呢？途徑之一就是盡量設身處地、站在他人的角度考慮問題，藉由對比自身的感受，來領會、理解他人的感受，然後根據這樣的領會和理解，決定自己的行動。在《論語》中，孔子是這樣總結這條通向「仁」的途徑，這也是一句著名的話：

「己所不欲，勿施於人。」

沒錯，這句我們都很熟悉的話，就出自《論語》。

把這句話直接翻譯出來是：「如果你不希望自己被別人這樣對待，那麼你也不要這樣對待別人。」

怎麼理解這句話呢？說個我讀小學時的故事。我小學時挺頑皮的，有一次我們幾個同學一起出門，每人都買了一把玩具空氣手槍，可以射出子彈的那種，打在人身上很疼（其實現在回想起來挺危險的，而且現在肯定是不允許賣給小學生）。我拿著這把手槍，就對著同學屁股打了一槍，看他疼得齜牙咧嘴，我哈哈大笑：「有那麼誇張嗎？」結果，這同學抬手也對著我的屁股打了一槍，那種鑽心的疼痛啊，唉，我到現在都還記得。

你看，這其實也是一種「己所不欲，勿施於人」。我自己挨了一槍，知道這有多痛，所以就再也不拿槍打別人了。

當然，這層意思還有另一種說法，叫作「換位思考」，就是碰到什麼事，站在別人的處境或位置上想一想，有時候就會想明白很多。

現代偉大的教育家蔡元培先生說過同樣意思的話：如果你不想受人欺詐，那就不要欺詐別人；如果你不想受人欺負，那就不要欺負別人；如果你不想被人傷害，那就不要傷害別人。

用現在的話來說，這種考慮問題的方式就是「將心比心」。將心比心的效果，相當於你擁有一顆赤心，可以體會到他人的體驗。只不過，赤心是長在身體上的一個器官，而將心比心——或者說「感同身受」或者「換位思考」，是讓你用理智、用心靈去理解和領會他人的感受。

透過這樣的考慮和實際操作，你會真切地感受到自己的「心」變大了，變得越來越寬廣而敏銳。也就是說，你越來越富於同理

心，越來越善於理解他人的世界，越來越多地體會到和他人的心靈相通，而這就離孔子所說的「仁」越來越近了。

或許有讀者看到這裡，心裡會有一些隱隱的不安——把自己的心變得寬廣、敏銳、更有同理心，未必是一件好事吧？

「如果我能更多地感知別人的痛苦和焦慮，我是不是也會變得越來越痛苦或焦慮？」

不得不說，這是個好問題。這個問題，也是古往今來的哲人們必須面對的問題。

我可以簡單地為你解答：我們要有高尚的靈魂，不能做自私的人，吧啦吧啦吧啦。但這樣解答你未必會服氣。說實話，要解答這個問題，可能需要重新開一門課。我就先簡單說一個自己的感悟吧。

隨著人們漸漸長大，會發現，人是需要有存在感和成就感的。在小時候，你的成就感可能來自考一次一百分，吃一頓好吃的，玩遊戲吃了一次雞等等；等到漸漸長大了，你的成就感可能來自考上

一所好大學，得到一份好工作，找到一個自己愛並且愛自己的人，以及賺好多好多錢，嗯，賺錢並不是不能放到檯面上說的事。

這些都是我們成就感的來源。但是，就我個人而言，有一種成就感其實是超越這些的，就是人與人之間的心靈相通——在你體會到別人的想法，給予別人幫助、回應、呼應之後，別人給予你同樣的回饋。那種存在感，甚至可以說被需要感，會帶給你很大的滿足。而要做到這一點，和你有多高的地位、有多少錢，是沒關係的，這需要建立在你有足夠的同理心的基礎上。而這也是我們人類能夠在這個星球上成為主宰，成為萬物之靈長的基礎之一。

我們不要刻意地去說：我要努力做到「仁」啊！其實不用刻意去想，只要發自內心地去關愛別人、富有愛心，我們其實就在慢慢接近「仁」了。而且，在這個接近的過程中，看上去得益的是別人，其實更是我們自己。

「仁」在《論語》中出現得非常多，我們在後面的章節中還會陸續提到。

在這一講的最後，我送大家一段法國大作家雨果的名言：

「比大地更廣闊的是海洋，比海洋更廣闊的是天空，比天空更廣闊的是人的心靈。」

願我們都擁有這樣一顆心靈。我們下一講見！

本講重點

仁者愛人

【原文】孟子曰：「君子所以異於人者，以其存心也。君子以仁存心，以禮存心。仁者愛人，有禮者敬人。愛人者，人恆愛之；敬人者，人恆敬之。有人於此，其待我以橫逆，則君子必自反也：我必不仁也，必無禮也；此物奚宜至哉！其自反而仁矣，自反而有禮矣，其橫逆由是也；君子必自反也：我必不忠。自反而忠矣，其橫逆由是也。」

【出處】《孟子．離婁下》

【釋義】仁者是充滿慈愛之心，滿懷愛意的人。

己所不欲，勿施於人

【原文】仲弓問仁。子曰：「出門如見大賓，使民如承大祭。己所不欲，勿施於人。在邦無怨，在家無怨。」仲弓曰：「雍雖不敏，請事斯語矣！」

【出處】《論語·顏淵》

【釋義】如果你不希望被別人這樣對待，那麼你也不要這樣對待別人。

【理解】以這種考慮問題的方式做基礎，後來延伸出一系列的詞，例如「感同身受」、「換位思考」、「將心比心」……

曾參

姒姓，曾氏，名參，字子輿，魯國南武城人。曾參是孔子晚年收的弟子，也是孔子最有成就的弟子之一，參與編寫了《論語》，後世稱他為「曾子」。他還寫了《大學》，這是中國古代討論教育理論的名著。《大學》、《論語》、《孟子》、《中庸》，合稱「四書」，就是「四書五經」中的「四書」。

曾參其實也有很多名言，例如我們知道的一些語錄，「修身、齊家、治國、平天下」，「吾日三省吾身」，「任重而道遠」等。

豐子愷

中國著名畫家和作家，西元一八九八至一九七五年，浙江省石門縣（今浙江桐鄉石門鎮）人。

| 本講重點 |

《赤心國》這個故事出自二〇一二年出版的豐子愷的圖書《文明國》。
豐子愷的漫畫、散文往往都描繪一些尋常的生活場景，而這些生活場景又往往蘊含著樸實的道理，以及人與人之間的溫情。因此，時至今日，豐子愷的作品依然讓讀者心曠神怡。

雨果
西元一八〇二至一八八五年，法國浪漫主義文學的代表人物、十九世紀前期積極浪漫主義文學運動的領袖，法國文學史上卓越的作家。
【代表作】《鐘樓怪人》、《九三年》、《悲慘世界》等。
【名言】比大地更廣闊的是海洋，比海洋更廣闊的是天空，比天空更廣闊的是人的心靈（《悲慘世界》）。

第七講 認清你自己

在之前的章節，我們討論了「學習」和「朋友」，了解了「君子」和「仁」，現在，我們要了解一下「自己」了。

這個話題，要從孔子在《論語》中一句非常著名的話說起。大家可能都聽過這句話：「知之為知之，不知為不知。」

有沒有點繞口令的感覺？

這句話其實是孔子對他的弟子子路說的。在《論語》中，完整的原文是這樣的：

子曰：「由，誨（ㄏㄨㄟˋ）女知之乎？知之為知之，不知為不知，是知也。」

「由」，是一個人的名字，這個人就是子路。子路這個人呢，姓仲，名由，字子路，會不會聯想到家裡無線網路的「路由器」？古人除了「名」以外還有「字」，例如我們在第二講就說過，孔子姓孔，名丘，字仲尼。用「字」來稱呼人，顯得更尊敬一些，而老師對學生說話，是可以直呼其名的。

「誨」的意思就是教導、教育。有個成語叫「誨人不倦」，往往用來形容好的老師，意思是好老師教導別人不知疲倦。當然，如果是不好的老師，我們就會故意更換一個字，說成「毀」人不倦。

這段話的完整意思是這樣的：

孔子說：「仲由啊，教你的東西知道了嗎？知道就是知道，不知道就是不知道，這才是求知之道！」

你們看，這句話的字面意思並不難理解，就是講人在求知的道路上應該誠實：知道的，就承認自己知道；不知道的，就承認自己不知道。

但我們都知道，要做到前半句不算太難，這話的重點在後面半句：對於自己不知道的，要有勇氣坦白承認。這是挺不容易的。

為什麼不容易呢？因為這意味著需要你放下虛榮心，不害怕丟面子。但這恰恰是正確的求知之道。因為你承認自己有東西不知道，就意味著你已經能正確地認識自己，知道自己欠缺哪方面的知

識，這會讓你產生踏踏實實學習、想補上這個缺口的動力。而且，只有在老師面前大大方方地承認自己不知道，老師才能給你具體的幫助。如果你因為害怕丟臉、不懂裝懂，那就失去一次學習的機會。這樣一來，你最終的損失很可能比「丟臉」要慘重得多。

或許有人要問：孔子他老人家為什麼要特意對子路說「知之為知之」這句話呢？其實，還真有點特別的理由。

要明白這一點，還得從子路這個人說起。其實，子路已經是我們的老朋友了，在第二講介紹孔子是一個怎樣的人的時候，就說起過他。

子路的年紀只比孔子小九歲，他算是孔子比較早期的弟子。根據《史記》（中國第一部紀傳體通史，作者是司馬遷）的記載，年輕時的子路不算一個乖孩子。他性格剛強直爽，曾經頭戴有雄雞樣式的帽子，身佩公豬皮裝飾的寶劍，打扮得像今天的視覺系青年，耀武揚威地去找孔子挑釁。那孔子是怎麼應對的呢？他老人家用「禮」和「樂」引導他，最後子路心服口服，拜入孔子門下。

或許大家會好奇：孔子究竟有怎樣的神通，竟然能夠制服子路這樣的非主流青年？很抱歉，具體的過程我也不知道，因為《史記》裡沒有詳細講。但我猜想，這種事情啊，估計光來文的不行，需要文武並用。要知道，孔子他老人家是個身高九尺的山東大漢（放在今天，那是一九〇公分左右了），要論打架，他應該也是不會輸給子路的。

拜入孔子門下之後，子路一直忠心耿耿地追隨、保護孔子。《史記》中記載，孔子曾經這樣說：「自從我有了仲由啊，就再也聽不到別人說我壞話了。」我有時候在想，是不是因為說孔子壞話的人都被子路給打了一頓呢？

不過，雖然子路對孔子忠心耿耿，但他的性格依然剛強耿直，經常當面頂撞老師。不過，我們也可以從此處看出孔子以理服人，從來不壓制學生的個性。當然，如果孔子認為子路錯了，也會不留情面地批評這位學生。

下面，我們就要說「知之為知之，不知為不知」這件事。

有一次，子路安排他的師弟子羔去一個叫費邑的地方做長官。孔子反對，他認為子羔的學習程度還不夠，不足以勝任這個職位，所以不同意子路的安排。孔子說：「你這是在坑害人家年輕人。」可是子路不服氣，說：「有老百姓，又有可以治理的舞臺，就不能邊做邊學嗎？難道只有關門讀書才算學習嗎？」

咦？子路的話聽上去挺有道理的，對不對？

但孔子的回答是：「最可恨的就是你這種不懂裝懂。」

子路說的到底有沒有道理？有一定的道理。

我們之前說過「學習」，「習」就包括實際操作。邊做邊學，在實踐中提高能力，這個大道理聽起來並沒錯。而且子路這個人是個急性子，只要他聽到孔子有什麼教導，就想立刻去做。孔子在《論語》中曾專門用一句話形容他：

「子路有聞，未之能行，唯恐有聞。」

這句話說的就是子路聽到一樣就做一樣，之前聽到的如果還沒有做，就寧可不聽老師說新的。

應該說，子路這種踏實、實做的精神，是值得我們學習的。

但是，孔子為什麼說子路是強詞奪理呢？因為孔子有他自己的道理：同樣是邊學邊練，做官或做管理和讀書還是很不一樣的。

為什麼？因為做官是管理、服務一大群人，事關一大群人的安危利害。倘若在這件事上犯了錯，造成的損失可不是說一聲「對不起」就能彌補的。這和做數學、學外語可以邊學邊練習不一樣。做練習的時候，倘若做錯了，你改正錯誤就可以。而做官這事，若你的專業知識不扎實就匆匆上任，等於是把一大群人的切身利害都當成你的練習場、試驗場。孔子就是怪子路輕率地把學習程度不夠的師弟安排到他不勝任的職位上，這不光是對老百姓、對國家不負責任，也是對師弟的成長不負責任。所以孔子會生氣，覺得子路有些不懂裝懂，一直提醒他要知之為知之、不知為不知。

所以，延伸這個道理，還可以再向大家推薦一句話：「工欲善其事，必先利其器。」

這句話聽起來是不是有點耳熟？沒錯，這也是《論語》裡的原話。

這句話的意思是說，工匠要想把事情做好，就一定要先把工具準備好。可見，要做好一件事情，準備工作是很重要的。而準確地認識自己，一定是準備工作中的必要環節，這就是「知之為知之，不知為不知」這句話對子路的提醒，也是對我們大家的提醒。

因為不懂裝懂耽誤一些事情，算是輕的，還有更嚴重的事。是什麼事呢？下面我就來說一個故事。

這個故事，發生在中國古代的戰國時代。之前說過，春秋時代是個大亂局，但比起戰國時代的全民皆兵，還是小巫見大巫，因為戰國時代已經是國家與國家之間生死存亡的搏命戰爭，非常血腥和殘酷。

在戰國時代，大量的諸侯國經過連年交戰，最後剩下七個最強大的國家，我們稱之為「戰國七雄」，分別是齊、楚、秦、趙、燕、魏、韓。其中最強大的是秦國，而趙國在軍事實力上也是非常強的。有一年，秦國和趙國的軍隊在一個叫「長平」的地方展開一場大決戰。當時趙國派出的大將是廉頗，就是念書時在課本學過的《將相和》中的老將廉頗。廉頗在這場戰爭中步步為營，打得很沉穩，不貿然出擊。秦國拿他沒辦法，想來想去，最終想出一條計策：他們散布消息，說秦國一點都不怕廉頗，最怕的其實是趙國的趙括。

這個趙括是誰呢？趙括是趙國名將趙奢的兒子。趙括從小就學習兵法，說起戰略和戰術頭頭是道，自認為天下沒有人比得上自己。有時候，趙括和父親趙奢談論排兵布陣之道，連趙奢都難不倒他。很多人都認為趙括是一個軍事天才。但是，他父親並不認為趙括這樣就算懂得兵法，也不認為他夠資格帶兵打仗。趙奢曾經對自己的妻子，也就是趙括的母親說：「戰爭是關係到將士們生死存亡的大事，可是括兒卻把戰爭說得如此輕鬆容易。將來趙國不用括兒帶兵打仗也就罷了，如果真用了他，讓趙國慘敗的一定就是他了。」

但是呢，趙王卻聽信了秦國故意散布的傳言，真的把廉頗換下去，讓趙括當趙國軍隊的主帥。趙括一上任，就改變了老將廉頗堅守不出的戰略，下令全軍出擊。結果他碰到的是秦國名將白起。白起派了一支奇兵，將出擊的趙括軍隊截成幾段，讓他們首尾不能相顧，糧草、接應跟不上，陷入困境。

最終，趙軍在長平之戰中全軍覆沒，被秦軍坑殺了整整四十萬人，趙國從此一蹶不振，而趙括也死在亂軍之中。長平之戰是歷史上非常著名的一場戰役，而根據這場戰役中趙括的故事，也出現了一個「紙上談兵」的成語。

「紙上談兵」其實就是形容趙括這樣的人：理論知識說起來頭頭是道，實際操作卻一觸即潰。用我們現在的一句話形容就是：「一頓操作猛如虎，一看戰績零比五。」

可以說，紙上談兵的人就是因為沒有做到孔子他老人家講的「不知為不知」。以趙括為例，他讓貌似淵博的理論知識騙了自己，根本沒有意識到自己實際上對打仗是無知的。

我已經殲滅你
300萬人了！
我還有500萬預備軍！

為什麼說他無知呢?因為戰爭是關係到將士們生死存亡、國運興衰的巨大博弈過程,戰場上的天時、地利、人和等各種因素瞬息萬變,其中有多少是人能夠觀察清楚的?又有多少是人力可以控制的呢?和現實的戰場比起來,紙上教你的「兵法」實在是太有限了。

而且,「兵法」會給你一種你已經「掌握」了這個領域全部學問的錯覺。假如你因此沾沾自喜,以為打仗就是這樣輕鬆容易的事,對這個領域再也沒有謙虛和敬畏,這恰恰表示你沒有掌握「兵法」的實質。因為你沒有領會到「兵法」的基礎是現實中的戰爭,而現實是一個多麼廣闊無限、變幻莫測的世界。

這個道理放在今天同樣成立:倘若你讓課堂上、書本中學到的知識矇蔽了雙眼,看不到現實世界的無限廣闊,這說明你連「書本知識」都沒有真正掌握。只有意識到自身知識的有限,在無限廣闊的世界面前保持謙虛和敬畏,做到「不知為不知」,你的「知之為知之」才能夠多多少少發揮一點有限的作用。

所以,這裡就要引出本講最後要說的一個道理:學無止境。

永遠不要因為自己已經在學習上下過功夫、掌握了一些知識而驕傲自滿,這會讓你看不清自己實際上的無知。

大家應該都知道,有一位偉大的物理學家叫愛因斯坦,他曾這樣說過:「假如用一個大圓圈圈起我學到的所有知識，大圓圈之外那麼多的空白，對我來說就意味著無知。當我們的知識之圓越大，它的圓周就越長，這意味著我們接觸到的未知世界就越大。由此可見，我不懂的地方還多得很！」

這就是愛因斯坦版本的「知之為知之，不知為不知」。它揭示出的是這句話更深一層的內涵：學習和探索知識的過程沒有止境。一個人的知識越淵博，就越能夠感受到世界的無限豐富和自己知識的有限。因為掌握的知識越多，你能夠發現自己無法掌握、無法控制的東西也就越多。

所以，像愛因斯坦這樣的知識巨人，會在廣闊的世界面前始終保持謙虛和敬畏。反過來說，一個人要是學到一些東西就驕傲自滿，那我們就得對他的專業素養打個問號了。

最後，再回到這句「知之為知之，不知為不知」。

孔子他老人家特意對子路說這句話，也是對子路那急性子的一個提醒。踏實肯做、聽一樣做一樣，這固然很好，但是對於當一位

父母官、做一項工程，甚至帶兵打仗，這些關係到一群人切身利害的事情來說，光知道「實幹」是很危險的。在投入實幹以前，盡量把自己的專業知識修煉、打磨到經得起嚴格考驗才是重要的。對自己的知識程度、能力素養有清醒準確的認識，把應該學習的本領掌握到扎實的程度，再投入實幹，這才是負責任的態度。

當你準備得越充分，儲備的知識越多，就會發現，其實值得學習的東西也越來越多。這樣你就會永遠充滿一種敬畏感，這種敬畏感會讓你避免輕敵和驕傲，也是讓你不斷學習的一種動力。

本講重點

子路

姓仲，名由，字子路。他的年紀只比孔子年輕九歲，是孔子比較早期的弟子，也是「孔門七十二賢」之一。

根據《史記》記載，年輕時的子路不算是一個乖孩子，性格剛強直爽，是孔子用道理教化了他，將其收為弟子。子路非常勇敢，又孔武有力，成為孔門弟子後便一直忠心耿耿地追隨、保護孔子。

關於子路，還有一個著名的成語，叫作「四體不勤，五穀不分」。

《史記》

二十四史之一，是中國歷史上第一部紀傳體通史，記載了上至上古傳說中的黃帝時代，下至漢武帝太初四年間共三千多年的歷史。全書包括十二本紀（記歷代帝王政績）、三十世家（記諸侯國和漢代諸侯、勛貴興亡）、七十列傳（記重要人物的言行事蹟）、十表（大事年表）、八書（記述制度發展，包含禮樂制度、天文兵律、社會經濟、河渠地理等方面內容）。魯迅稱讚它是「史家之絕唱，無韻之《離騷》」，具有很高的文學價值。

作者司馬遷，字子長，西漢史學家、散文家。曾任太史令，繼承父業，撰寫史書，被後世尊稱為史遷、太史公。因此，《史記》最初也被稱為《太史公書》、《太史公記》。

知之為知之，不知為不知

【原文】子曰：「由，誨女知之乎？知之為知之，不知為不知，是知也。」

【出處】《論語．為政》

【釋義】孔子說：「仲由啊，教你的東西知道了嗎？知道就是知道，不知道就是不知道，這才是求知之道！」

【理解】這意味著你需要放下虛榮心，不害怕丟臉。承認自己有東西不知道，代表你能正確地認識你自己；知道自己欠缺哪方面的知識，才會讓你產生踏踏實實學習、去補上這個缺口的動力。

【補充】「是知也」中的「知」，有兩種解釋：一是指「求知之道」，讀作「ㄓ」；二是「知」通「智」，解釋為智慧，讀作「ㄓ丶」。這兩種讀音和解釋都有依據可循，但學生如果考試遇到相關問題，建議以課本上學到的為準。

工欲善其事，必先利其器

【原文】子貢問為仁。子曰：「工欲善其事，必先利其器。居是邦也，事其大夫之賢者，友其士之仁者。」

【出處】《論語・衛靈公》

【釋義】工匠要想把事情做好，就一定要先把工具準備好。

【理解】要做好一件事情，準備工作總是很重要的。而準確地認識自己，更是準備工作中的必要環節。

紙上談兵

【出處】《史記・廉頗藺相如列傳》

【背景】戰國時代，秦國和趙國的軍隊在一個叫「長平」的地方展開一場大決戰。當時，趙國中了秦國的反間計，用趙括代替老將廉頗。

【相關人物】趙括，自小熟讀兵書，但缺乏戰場經驗，不懂得靈活應變。

【釋義】在紙上討論打仗用兵的策略。

【理解】在實際運用中，往往指口頭空談理論，不能解決實際問題。

學無止境

【原文】理無專在，而學無止境也，然則問可少耶？

【出處】《問說》，清代劉開著。

【釋義】學習和探索知識的過程沒有止境，應奮進不息。

【理解】一個人的知識越淵博，就越能夠感受到世界的無限豐富和自己知識的有限。因為掌握的知識越多，你能夠發現那些自己無法掌握、無法控制的東西也就越多。這樣你就會永遠充滿一種敬畏感，這種敬畏感會讓你避免輕敵和驕傲，也是讓你不斷學習的一種動力。

【補充】愛因斯坦曾這樣說過：「假如用一個大圓圈圈起我學到的所有知識，大圓圈之外那麼多的空白，對我來說就意味著無知。而當我們的知識之圓越大，它的圓周就越長，這意味著我們接觸到的未知世界就越大。由此可見，我不懂的地方還多得很呢！」

第八講 學習和思考都重要

在這一講開始之前，先給大家說一段往事吧。這段往事的主人公，是中國當代著名作家、翻譯家楊絳先生，她是著名的大學問家錢鍾書先生的夫人——我們之前說過，如果知識淵博，女性也可以被稱為「先生」，所以我們叫她楊絳先生。

曾經有一位中學生十分崇拜楊絳先生。高中快畢業的時候，他寫了一封長信給楊絳先生，表達自己對她的崇拜之情，以及自己的一些人生困惑。

楊絳先生回信了，用的是淡黃色直排信紙，寫的是毛筆字。除了寒暄和一些鼓勵晚輩的話之外，楊絳先生的信裡其實只寫了一句話，這句話非常誠懇，而且並不客氣：「你的問題主要在於讀書不多而想太多。」

你們看，有文化的人批評起人來比較婉轉。但其實，楊絳先生這句話批評得挺厲害的——你就是不讀書，喜歡瞎想。

類似這樣的話，孔子他老人家也講過，不過呢，他是批評自己的。在《論語》中，那段原話是這樣的：

子曰：「吾嘗終日不食，終夜不寢，以思，無益，不如學也。」

這句話翻譯過來的意思就是：「我曾經整天不吃東西，整夜不睡覺，用這些時間來思考，卻並沒有什麼用，不如去學習。」

楊絳先生批評那位同學「讀書不多而想太多」，也是這個意思。當遇到難題，無論是生活中的實際問題，還是關於人生意義的困惑，當然，也包括作業、考試中需要解答的練習題和考題——光靠思考有用嗎？孔子他老人家用自己的切身體會告訴大家：「沒用的！還是要好好學習！」

正因為有這樣的感悟，孔子在《論語》中還說了一句話，更加簡潔地總結了這層意思。這句話也成為整部《論語》最著名的語錄之一。

子曰：「學而不思則罔，思而不學則殆。」

要注意一下這個「罔」字的意思，它接近我們現在說的「迷惘」，也可以翻譯成「迷糊」。「殆」這個字呢，就稍微有點複雜。它可以有「疑惑」的意思，可以有「疲倦」的意思，也可以有「危險」的意思。我們可以把這三層意思都放進去。所以這整句話翻譯出來是這樣：

孔子說：「光學習不思考，就會迷糊；光思考不學習，就會疲倦疑惑而無所得，這樣下去就危險了。」

從上面這段話來看，好像還是「光思考不學習」的後果更加嚴重一些，是不是？楊絳先生對那位同學的批評，以及孔子的自我批評，都是針對這一點。所以，我們把順序顛倒一下，先來講解這後面半句，也就是「思而不學則殆」。

老規矩，還是先說一個故事。有一天，一個人在路上走，忽然就下起小雨來。這個人湊巧帶著幾根棍子和一塊布。於是他急中生智，把棍子擺弄在一起撐起布，遮住頭頂，就這樣走到家裡，居然沒有被淋成落湯雞。

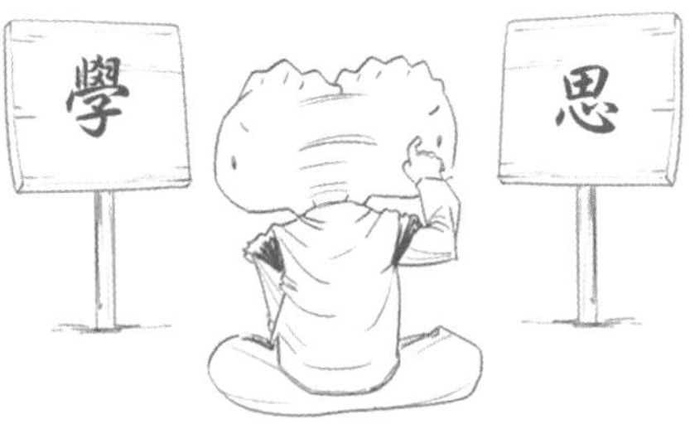

哇！這下可不得了，他頓時非常佩服自己，覺得自己對人類的科技文明發展做出卓越的貢獻。進而他就想：「這種等級的發明，不公布於世就太可惜啦！」

他聽說城裡有一個「發明專利局」，於是就興沖沖地拿起棍子和布趕到城裡，到專利局裡報告和展示他的新發明。局裡的職員聽他說明來意，哈哈大笑，拿出一個東西對他說：「來來來，你看看這個是什麼？」

這個東西是什麼呢？沒錯，就是雨傘嘛！

故事說完，你們是不是覺得這個人挺可笑的？確實，這個故事嘲諷的就是想得很多或者自以為想得很多，卻不怎麼學習的人。不過，大家先別忙著嘲笑他。因為他確實憑自己的思考和動手能力急中生智「發明」了雨傘，這一點沒錯。他的問題在於另外兩點。

第一點，他生不逢時，生錯時代。倘若他生在原始社會，是做出像模像樣的雨傘的第一人，那確實是為人類做出重大貢獻。

第二點，他見識太少，根本不知道世界上已經有現成的雨傘。

要知道，人類從原始社會發展到今天，文明的成果已經累積了成千上萬年。很多問題的答案，都已經像雨傘一樣，擺在人類共同的知識海洋中了。只要我們願意學習，善於學習，就可以找到它、掌握它。倘若你對這知識海洋視而不見，遇到問題就只知道思考不知道去學習，那其實是在用自己一個人的大腦來ＰＫ（對抗）成千上萬年的人類文明。

當然，有些問題你靠自己或許也能想通，就像上面說的這個人急中生智「發明」了雨傘。可是，你難道能夠憑自己一個人把人類發明雨傘、發明輪子、發明乘法口訣、發明語言文字、制定法律制度……這種種歷程全都重走一遍嗎？所以，只思考不學習，在絕大多數情況下只會使你絞盡腦汁、精疲力竭而毫無所得、懷疑人生。這樣下去，就真的像孔子老人家說的，有點危險了。

但是，這樣的危險是可以避免的：既然你有精力去思考，為什麼不一頭跳進知識的海洋去尋覓現成的答案呢？所以，孔子說「不如學也」，也是「思而不學則殆」要提醒我們的。

其實話說回來，上面這個「發明」雨傘的人還算不錯，他畢竟透過獨立思考來真正解決了自己被雨淋的問題，而且解決完自己的問題後，他還想到要把這好東西貢獻給大家。古往今來，世界上還存在這樣一種人，他們孤陋寡聞、不學無術，卻自以為透過「思考」發明了什麼了不得的東西。事實上，這類人什麼問題都沒有解決，卻自鳴得意，甚至自認為懷才不遇，時不時還要抒發一下「天涯何處覓知音」的寂寞感慨。

我們再來看個笑話。中國古代有一本笑話書叫《笑林廣記》，其中就記錄了這麼一段。說是有兩位秀才，沒事就湊在一起對詩。一個人先說了第一句「日出一大片」，另一個就接了一句「圓圓像個餅」。說完，兩人相視一笑。忽然，兩人手拉手一起痛哭起來。過路的人覺得很奇怪就問：「二位相公因何事難過啊？」兩位秀才說：「像我們這樣才華超群、千年不遇的人才，終究也難逃一死，所以我們都很難過啊。」

大家看，這兩位秀才到這種程度，就真的只能被人當笑話看了。大家還記得嗎？之前講「人不知而不慍，不亦君子乎」的時候曾經提過，人會因為世界不理解自己而感到痛苦。其實啊，對於很多人來說，他們的這種痛苦和上面這兩位秀才是差不了太多的，五十步笑百步而已——當你學習、經歷得多了，以前那些所謂的痛苦，就可以一笑置之了。那為什麼以前會陷入這種痛苦呢？其實，這也是「思而不學」帶來的一個後果。

說到這裡，我們應該能明白「思而不學」的後果其實挺糟糕的。那麼，是不是只要一心一意學習就好了呢？當然不是這樣。不然，孔子又怎麼會說那句「學而不思則罔」呢？

光思考不學習會有很大問題，那麼光學習不思考，就沒問題了嗎？你們看，這種提問方式就是有潛臺詞的：肯定有問題啊，怎麼會沒問題呢？

那麼，有什麼問題呢？

有的人可能會說：光學習不思考，就像光吃東西不消化一樣，吸收不到什麼營養。說的一點都沒錯，就是這個道理！

但問題還沒解決：在學習中，需要我們思考的東西有哪些？究竟怎樣思考才有助於我們消化從知識海洋中得來的食物呢？

這個問題其實非常大，一言難盡。這一講就試著先說一點，之後還會繼續討論這個話題。

老規矩，還是先講一個故事，這個故事出自一本古書——《呂氏春秋》。

能改一個字，讓你擁有一輛車，
能改兩個字，讓你擁有一間房。
氏春秋

戰國時候，有個人坐著船渡江。一不小心，他的寶劍從船上掉下水去。他非常淡定地在船邊刻了一個記號，說：「這裡就是我的劍掉下去的地方。」船停了，這個人從他刻記號的地方跳下水尋找劍，當然是找不到的啦！船一直在往前走，可是掉下水的劍不會往前走。像這樣找劍，豈不是很糊塗嗎？

這個故事相信不少人都知道，就是「刻舟求劍」這個成語的典故。

從某種意義上說，這個「刻舟求劍」的人犯的糊塗，就是「光學習不思考」帶來的迷糊。

「啊？東西掉了？那就留個記號，根據記號找東西。」這大概是他從其他地方學來的一種經驗。甚至以前，他按照這種方式可能成功過。但現實條件會變，例如，當環境變成會動的船上，那按照學來的經驗就不管用了。所以，這個故事其實也告訴我們，「學習」還要搭配上「思考」才有效果。

需要思考的內容包括：這個學來的經驗為什麼有效？要滿足什

麼條件才能使它有效？就拿眼前碰到的這個問題來說，能夠使它有效的條件是不是都滿足了？倘若在學習和實際運用中都能夠搭配這樣的思考，那至少我們不會犯「刻舟求劍」的錯誤。大家不要以為：像「刻舟求劍」這樣的低級錯誤，我在現實生活中怎麼可能犯呢？其實在現實生活中，那些死守教條、拘泥不變、固執的人和做法隨處可見，說到底，這些問題的核心都是「刻舟求劍」。

當然，有時候也會發生下面這種情況。面對某個問題，我們欣喜地想：哎，以前學過這一套方法，剛好可以用上！然後思索一下發現：不對啊，這經驗是在那種條件下進行的，目前的情況並不符合……這時候，我們先別忙著沮喪，也別忙著放棄。我們可以再想想看，如何可以化不利條件為有利條件。

要知道，按照過去學來的經驗固然是缺乏思考犯糊塗，但原有的條件沒符合就教條式地放棄運用，也是缺乏思考犯糊塗的表現。

再來說一個故事。大家都知道《西遊記》吧？

在《西遊記》的開頭，齊天大聖孫悟空——那時還不是齊天大

聖——跟他師父菩提老祖學藝。那時悟空已經學到了不少東西，菩提老祖忽然對他說：「哎呀，悟空啊，你這麼厲害，給老天知道了，你可就危險了。為什麼呢？因為老天會用『雷火天劫』來對付你！」

孫悟空聽後毛骨悚然，立刻跪求師父解救：「師父，那可怎麼辦啊？救救我！」

菩提老祖說：「這倒也不難，只要學會七十二變，就能躲得過『雷火天劫』。」

孫悟空忙說：「好好好，我學我學！」

菩提老祖搖搖頭說：「問題是，你和別人不一樣，學不了這個。」

悟空就說了：「我也頭圓頂天、足方履地，有九竅四肢、五臟六腑，何以比人不同？」

菩提老祖就說：「你雖然像人，卻比人少一樣東西，就是腮。」

（這裡我要插一句，「腮」這個部位，位於人類臉頰的下半部分，猴子是沒有的，所以有個形容詞叫「尖嘴猴腮」。因為猴子沒有腮，所以看上去臉特別尖，就是這個道理。）

孫悟空伸手一摸，笑著說：「師父啊，對，我確實沒有腮，但是呢，我有素袋啊！我比人少腮，卻比人多個素袋，肯定沒問題的！」菩提老祖聽了微微一笑，覺得這猴子說的有道理，於是就傳了孫悟空七十二變。

大家注意了，這一段值得我們品味一下。菩提老祖說孫悟空比人少了個腮，或許是在逗徒弟玩，或許是在考考這徒弟會不會「腦筋急轉彎」。因為孫悟空是猴子嘛，前面說過，猴子和人類比起來沒有腮。結果孫悟空的反應很快，也很好：雖然我這方面缺少一點，但是我那方面多一點啊，完全可以補償過來。孫悟空說自己有的這個「素袋」，我們現在把它叫作「嗉囊」。猴子的嗉囊長在口腔內部的兩側，裡面可以儲存不少食物。（很多人喜歡的倉鼠也是有嗉囊，所以牠一吃東西臉就會顯得鼓鼓的）孫悟空的意思也可以理解為：「雖然我沒有外表，但是我內涵豐富啊！」

我們可以看到，孫悟空把不利條件轉化成有利條件，說服菩提老祖傳授他七十二變。這個故事，如果我們從「學習和思考」這個角度去解讀的話，可以說孫悟空透過了菩提老祖對他的考驗，顯示他不光勤於學習，也善於思考，悟性出色，將來能夠做到「活學活用」。

在這一講說的「學而不思則罔」，歸根結柢就是四個字：「活學活用。」我們不光要把具體操作學會，還要想清楚這套操作適用於哪些具體條件。不僅如此，當現實中的條件不那麼理想的時候，要自己想辦法化不利條件為有利條件，甚至可以自己創造有利條件——這就是我們常說的：有條件要上，沒有條件創造條件也要上。

另一方面，我們還可以考慮一下，根據手邊現有的條件，修正、改進學來的操作方法。人類的文明就是這樣一步步累積起來的。整個人類文明的發展進程，不可能是一個蘿蔔一個坑，好像冥冥之中都有人幫你安排好。在前進的過程中，我們會遭遇無數挫折，也會發現原有的經驗和學習不能適應新環境的變化，那怎麼辦呢？是就此放棄嗎？當然不是，而是根據現有的新形勢和變化，用原有的知識去適應和改變，最終在活學活用的基礎上，實現突破和飛躍。

所以，「學而不思則罔，思而不學則殆」是相互辯證，相輔相成的關係，值得我們不斷地去思考，去學習，去實踐，去體會。

本講重點

讀的少，想的多

【原文】子曰：「吾嘗終日不食，終夜不寢，以思，無益，不如學也。」

【出處】《論語．衛靈公》

【釋義】孔子說：「我曾經整天不吃東西，整夜不睡覺，用這些時間來思考，卻並沒有什麼用，不如去學習。」

【理解】當你遇到尚未解決的難題，無論是生活中的實際操作問題，例如寫作業和考試中遇到的各種題目，還是關於人生意義的困惑，光靠思考可能並不能解決，還是要好好去學習。

思而不學則殆

【原文】子曰：「學而不思則罔，思而不學則殆。」

【出處】《論語．為政》

【釋義】孔子說：「光學習不思考，就會迷糊；光思考不學習，就會疲倦疑惑而無所得，這樣下去就危險了。」

【理解】只思考不學習，在絕大多數情況下只能是絞盡腦汁，精疲力竭而毫無所得，懷疑人生。這樣下去就真的像孔子說的，有點危險了。但是這樣的危險其實是可以避免的：需要我們累積豐富的知識。

本講重點

學而不思則罔

原文、出處、釋義同上。

【理解】歸根結柢是四個字：「活學活用。」我們不光要把具體操作方式學到手，而且要想清楚這套操作適用於哪些具體條件；而當現實中的條件不那麼理想的時候，要自己想辦法化不利條件為有利條件，甚至可以自己創造有利條件。

所以，「學而不思則罔，思而不學則殆」，是一個相互辯證、相輔相成的道理，值得我們不斷地去思考，去學習，去實踐，去體會。

五十步笑百步

【原文】孟子對曰：「王好戰，請以戰喻。填然鼓之，兵刃既接，棄甲曳兵而走，或百步而後止，或五十步而後止。以五十步笑百步，則何如？」

【出處】《孟子·梁惠王上》

【釋義】形容有人和別人犯了同樣的錯誤，或有同樣的缺點，只是程度上輕一點而已，卻還嘲笑別人。

刻舟求劍

【原文】楚人有涉江者，其劍自舟中墜於水，遽契其舟曰：「是吾劍之所從墜。」舟止，從其所契者入水求之。舟已行矣，而劍不行，求劍若此，不亦惑乎！

【出處】《呂氏春秋．察今》

【理解】這是根據寓言故事衍生出的一個成語。這個故事告訴我們「學習」不能生搬硬套，還是要搭配上「思考」才有效果，例如：這個學來的操作手段為什麼有效？要符合什麼條件才能使它有效？在現實生活中，那些死守教條、拘泥不變、固執的人和做法隨處可見，這些問題的核心都是「刻舟求劍」。

《呂氏春秋》

又稱《呂覽》，成書於先秦戰國末期，是秦國相國呂不韋及其門人集體編纂而成。

【內容】這是一部政治理論散文的彙編，共二十六卷，一百六十篇。內容涉及甚廣，集結了很多先秦的學說和故事。以道家黃老思想為主，兼收儒、法、墨、農和陰陽各先秦諸子百家言論。

【評價】是雜家的代表作，也是中國古代類書的起源。

本講重點

【相關典故】當時呂不韋讓人把《呂氏春秋》全文抄寫出來，掛在秦國首都咸陽的門上，承諾說誰如果能改動其中一個字，就能賞一千金。由此可見，他對這本書有多麼自信。

《西遊記》

現存明刊百回本《西遊記》均無作者署名。清代學者吳玉等首先提出《西遊記》作者是明代吳承恩。

【內容】全書主要描寫孫悟空出世及大鬧天宮後，遇見了唐僧、豬八戒、沙僧和白龍馬，西行取經，一路降妖伏魔，經歷九九八十一難，終於到達西天見到如來佛祖，最終五聖成真的故事。以「唐僧取經」這一歷史事件為藍本，透過作者的藝術加工，深刻地描繪了當時的社會現實。

【評價】是中國古代第一部浪漫主義章回體長篇神魔小說，達到了古代長篇浪漫主義小說的巔峰，與《三國演義》、《水滸傳》、《紅樓夢》並稱為中國古典四大名著。

第九講 溫故知新

在前一講，講解了《論語》中一句著名的話：「學而不思則罔，思而不學則殆。」這句話主要是說：光學習不思考，或者光思考不學習，都是不行的，兩者缺一不可。那麼在學習中，需要思考的內容具體有哪些？

老規矩，還是從一個小故事說起。

從前，有個人肚子餓了，就去買餅吃。吃了第一個，沒飽；吃了第二個，還是沒飽。他的胃口也真的是好，一連吃了六個餅，還是覺得餓，於是又拿起第七個。這回，剛吃了半個，就飽了。這個人非常後悔。為什麼？因為他覺得：「前面六個餅都白吃啦！要是早知道這半個餅能吃飽，我就只吃這半個餅，該有多好！」

大家都能看出來，這當然是一個笑話。這個笑話之所以是笑話，就是因為大家都知道：他吃最後半個餅覺得飽了，是因為前面六個餅打下的基礎啊。

這其實是很早以前的笑話，但直到今天，這個笑話說的道理還是適用的。我們現在一直說，時代在發展，社會在進步，所以任何知識、任何技能都不能一成不變，要與時俱進，要不斷創新。

那麼，創新是憑空來的嗎？我們想當然就能發明出一種東西或一項新技術嗎？當然不能。創新之所以能夠出現，是因為它建立在打破舊事物的基礎上，而且很多時候，只有把前輩留下的傳統都消化掌握、融會貫通之後，遇到合適的環境與時機，才有可能會靈感迸發，突破舊的傳統，生出自己的發明創造。

再舉個例子。不知道大家平時聽不聽相聲。如果你聽相聲，肯定知道現在有個說相聲的叫郭德綱。他曾經參加一個節目叫《相聲有新人》，並擔任這個節目的評審。在比賽中，他遇到一對博士畢業的相聲新人，這對新人對他說：「我們不是您想像中的傳統相聲演員，我們要打破規則。您看西方音樂史，從巴洛克時期到古典時期，再到浪漫時期，都在不停地打破、進步啊！」

他們說的有沒有道理？我覺得有道理。從巴洛克到古典主義，

再到浪漫主義，確實是打破一個形成下一個，這是正確的。但是有一個問題他們沒說：是誰在打破？

那些打破傳統、做出革新的人，往往都是偉大的音樂家。換句話說，他們都是內行。按照西方音樂史教材上說的，能夠打破規則、創立新事物，本身就是內行中的頂級天才。

所以，郭德綱並不同意這對相聲新人的觀點，他表達的意思是：任何事情都要有循序漸進的過程，說相聲也要講究基本功。如果早知道靈感迸發能產生發明創造，舊的東西會被淘汰，我幹什麼還要去學習舊的東西？什麼都不做，等靈感一來，把舊東西一打破，不就行了嗎？

我同意郭德綱的這個觀點，因為我也知道時代會進步、技術會發展，但在這一切還沒出現之前，是不是應該踏踏實實學習和掌握好現有的東西，才能在這基礎上謀求創新呢？

舉個例子，如果古代有人知道現代人的戰爭都是用槍和大砲，想著何必學什麼射箭、刀法啊，結果會怎樣？結果肯定是被當時的

敵人輕易打敗了！

說完這些例子，就要引出接下來要看的一個有名的詞語：「溫故知新」。

「溫故知新」，拆開來看是兩個詞，「溫故」和「知新」。按照字面意思，就是只有在「溫故」的基礎上，才能「知新」。這個成語就出自《論語》，原文是這樣的：

子曰：「溫故而知新，可以為師矣。」

什麼意思呢？翻譯過來就是：孔子他老人家說，「如果能從溫習舊知識的過程中，學到新知識，就可以做老師了」。

說到這裡，不知道你們發現沒有，「溫故而知新」的道理，剛好可以和前面說的「學而不思則罔，思而不學則殆」相互印證。因為「溫故」就是學習的重要途徑之一，而「知新」呢，是需要我們去思考的內容。

不學習、不吸收傳統，以為光靠靈感就可以生出創造發明，這就是不「溫故」就想要「知新」——相當於「思而不學」。

我們以繪畫為例。假如每一代畫家都完全拋棄前輩遺產，他們的作品會是什麼樣子呢？大家看看沒有經過訓練的兒童畫就知道。當然，我們可以說兒童畫充滿了想像力，充滿了童趣，這些都是成年人追求不到的東西，這些說法都沒錯。但從技法以及想要表達的思想深度來看，兒童畫還是和傳世之作差距很大的。

西班牙誕生過一位世界級的著名畫家叫畢卡索。他是西方現代派最著名的代表畫家之一。不知道你們看過畢卡索的代表作沒有。我在小時候看這些畫時，心裡是怎麼想的呢？說句實話，我想的是：我的天啊！這畫的是什麼呀！那麼簡單的幾筆線條和色彩，換我也能畫啊，憑什麼他的畫那麼有名？能值那麼多錢？

但長大以後，我就慢慢看懂了他的畫，真的不是一般人能畫的。我還看了他年少時的一些素描作品。很多人評價一幅畫畫得好不好，第一標準就是像不像。畢卡索在剛滿十歲時的一些素描作品，就已經比很多成年畫家畫得好很多——換句話說，要比畫得像，畢卡索一點也不差，甚至還是他們那個時代最出色的人之一。

正是建立在良好基本功的基礎上，畢卡索才開始思考和嘗試繪畫藝術的突破，他從非洲藝術上也汲取很多養分，最終成了現代派繪畫大師。換句話說，如果畢卡索沒有扎實的基本功，沒有很好地領會和掌握原來的技能，是不太可能做出驚人的創新，成為一個劃時代的藝術大師。

所以，如果不「溫故」，基本上是很難有「創新」的，我不是說絕對不可能，只是說機率相對非常小。就像前面講到的「發明雨傘」的人，之前根本就不知道世界上已經早就有「傘」這種東西，還自以為做出發明創新。如果這樣，就只能一次又一次重複先人已經走過的路，不可能做出真正的創新。

你們看，不「溫故」而想「知新」，相當於「思而不學」。那麼，光「溫故」而不能「知新」呢？其實就相當於「學而不思」。

畢卡索如果把素描一直堅持苦練下去，沒問題，他能越畫越像，可能作畫的時間也會越來越短。但問題是，如果他不做思考、不做突破、不做創新，就只能在「畫得越來越像」這條道路上一直走下去，直到有一樣東西被發明，什麼東西呢？就是相機。請問畫得再像，有照片逼真嗎？

換句話說，如果畢卡索只「溫故」而不「知新」，只埋頭於傳統的繪畫知識和技藝，而不做思考和突破，那麼今天我們就少了一

位世界級的現代派繪畫大師了。

說到這裡，還要注意一點：剛才說到，《論語》中完整的原文是「溫故而知新，可以為師矣」，意思是說，當你有了從溫習舊知識中學到新知識的能力，才有資格當老師，這是孔子他老人家對於教師這一行業提出的要求。現在一般人或許會認為，能夠準確地把知識傳達給學生，就可以算是老師了，對吧？也沒錯，但是，孔子定下的門檻比這個要高，就是：不光要傳達知識，還要身體力行示範思考方法給學生看。活學活用、與時俱進、學思並重、溫故知新，這才是孔子心目中合格的老師形象。所以，孔子他老人家不愧是教師界的祖師爺，被人稱為「萬世師表」，永遠值得學習的榜樣。

看到這裡，不知道大家有沒有這樣一個感覺，就是四個字：「學海無涯。」又要學而不思則罔，又要思而不學則殆，又要溫故，又要知新，人類千百萬年的文明積累留給我們的知識海洋如此廣闊，我們要不斷學習舊的、思考新的，真的是一眼望不到頭！

之前也學過一個詞，叫作學無止境。正所謂學海無涯，但人生

有限，我們要把有限的人生投入到無窮無盡的學習中，如何才能夠不被這個大海淹沒？如何才能夠從知識的海洋中尋覓到真正對自己有用的東西？

做到這一點，光靠「苦作舟」是不夠的，我們都知道一句話：「學海無涯苦作舟」。不能光靠吃苦，本書開篇就告訴大家，學習是件快樂的事。那麼，面對如此多的知識和學習要點，怎麼才能學得既快樂又有收穫呢？

本講重點

溫故知新

【原文】子曰：「溫故而知新，可以為師矣。」

【出處】《論語．為政》

【釋義】孔子說：「如果（你）能從溫習舊知識的過程中，產生出新知識，就可以做老師了。」

【理解】「溫故」是學習的重要途徑之一，而「知新」是需要思考的內容。沒有扎實的基本功，沒有很好地領會和掌握原來的技能，就不太可能做出驚人的創新；但如果只埋頭於舊的知識和技藝，就很難產生自己的思考和突破，更不要說創新了。因此，二者缺一不可。

學海無涯

【原文】書山有路勤為徑，學海無涯苦作舟。

【作者】韓愈，字退之，唐代古文運動的倡導者，宋代蘇軾稱他「文起八代之衰」，明人推他為唐宋八大家之首。

【出處】收錄於《增廣賢文》。

【釋義】如果你想要成功到達高聳入雲的知識山峰的山頂，勤奮就是登頂的唯一路徑；如果你想在無邊無際的知識海洋裡暢遊，耐心、盡力、刻苦的學習態度將是一艘前行的船，能夠載你駛向成功的彼岸。

【理解】讀書，讀好書，與勤奮、刻苦是分不開的。不過在整個過程中，我們也可以苦中作樂。

畢卡索

巴勃羅．畢卡索（西元一八八一至一九七三年），西班牙畫家、雕塑家，現代藝術的創始人，西方現代派繪畫的主要代表，是當代西方最有創造性和影響最深遠的藝術家。代表作有《和平鴿》、《格爾尼卡》、《亞維農的少女》等。

第十講

一以貫之：一條神奇的「線索」

面對浩瀚的知識海洋，有沒有訣竅和門道呢？這就是這一講要討論的內容。

其實，這個訣竅說起來也很簡單，就是四個字：一以貫之。「一以貫之」這個詞當然也出自《論語》，而且不止出現過一次。我們先看一個出處吧：

子曰：「賜也，女（ㄖㄨˇ）以予為多學而識（ㄓˋ）之者與？」對曰：「然，非與？」曰：「非也。予一以貫之。」

「賜」指的是孔子的一位著名弟子，他複姓端木，名賜，字子貢。我們說過，長輩或老師可以對晚輩或弟子直呼其名，所以孔子就直呼其名，叫他「賜」，而我們一般稱呼他為「子貢」，以表示尊敬。就像我們之前講過孔子的弟子子路一樣，子路姓仲名由，「子路」也是字。孔子可以叫他「由」，但我們叫他子路。子貢這個人可有意思了，後面還會講到他的故事。

我們接著看這句話。「女」在這裡是個通假字，通「汝」，意思就是「你」。那個「給予」

的「予」的意思，就是「我」。而「參與」的「與」呢，表示疑問，相當於「什麼什麼嗎」。「然」表示肯定，相當於「是啊」。這個「認識」的「識」，在這裡讀ㄓˋ，是「記憶」的意思。

這段文字翻譯出來是這樣：

孔子說：「賜啊，你以為我是學得多，並且把學來的東西一樣一樣記在心裡，是不是？」子貢說：「是啊，難道不是這樣嗎？」孔子說：「不是的，我是用一條線索把學來的東西貫穿在一起。」

在這裡，「一以貫之」的意思就是「用一條線索把學來的東西貫穿在一起」。孔子的意思是，有了這樣一條線索，無窮無盡的知識就可以串聯起來，我們就可以在有限的人生中去學習掌握這些知識，而紛繁複雜的世間事物也就因此有了條理。

那麼，大家肯定要問：這條線索具體是什麼？嘿嘿，孔子在《論語》裡面並沒有說。雖然孔子沒有說，我們仍然可以想像和理解：這條神奇的線索，並沒有一個具體的形態，它也許是一條繩索或是其他什麼東西，在不同的環境下，可以變化成不同的形態。

大家念書時學物理，有學到一些偉大的定律，例如「牛頓三大運動定律」，這是由偉大的物理學家牛頓提出的。這三大定律互相獨立，但又符合一致性，闡述了經典力學中的基本運動規律。換句話說，只要在經典力學的範疇內，哪怕有千千萬萬個力學現象，只要你掌握和理解了牛頓三大運動定律，問題都可以得到解決。

換句話說，「牛頓三大運動定律」就是串起經典力學領域的那條線索，即那個「一」。

又例如說，我之前曾說過，我教女兒湯圓妹學會了方程式，她就會解決很多原本覺得非常難做的奧數題，這個方程式就是串聯起這一連串難題的「一」——你學會方程式的列法和解法，其實就能領悟「一以貫之」的道理。

所以，在這段話中，孔子要教子貢的就是這個道理：

你以為我學這麼多東西，是要一樣一樣去記住嗎？錯了！重點在於，你要找到一條線索把紛繁複雜的世間事物貫穿起來。換句話說，你要試著去領會事物之中的「意義」。

我們這裡說的「一以貫之」，就是在學習過程中要掌握一條串起複雜事物的線索。那麼，跳開「學習」這件事，我們平時為人處世，有沒有「一以貫之」這個道理呢？當然也有。

這裡，我們又要提到另一段《論語》的原文：

子曰：「參乎！吾道一以貫之。」曾子曰：「唯。」子出，門人問曰：「何謂也？」曾子曰：「夫子之道，忠恕而已矣！」

這裡的「參」，就是之前說到的曾參，也就是大名鼎鼎的曾子，我們在第六講提到「『仁』究竟是什麼」時曾介紹過他。

這段話是什麼意思呢？全文翻譯過來就是：

孔子說：曾參啊！我的學說貫穿了一個基本思想。曾子回答：是。（「唯」在這裡就是「是」的意思）孔子出去以後，其他學生就問曾子：老師剛才的話是什麼意思啊？曾子回答：老師的學說，就是「忠」和「恕」兩個字罷了。

大家看，這裡有兩個關鍵字，就是「忠」和「恕」，這是孔子總結自己學說理論「一以貫之」的基本思想。是他之前對子貢說過自己學習的「一以貫之」的方法。

那麼，「忠」和「恕」究竟是什麼意思呢？曾子沒有說，但孔子在其他地方解說過。根據孔子的說法，簡單來說，「忠」就是自己要有作為，也要盡心盡力讓別人有作為，自己要飛黃騰達，也要讓別人飛黃騰達。這句話總結起來就是「己欲立而立人，己欲達而達人」。說到底，就是要待人忠心的意思。

那「恕」呢，意思就是自己不願意做的事情，也不要強加給別人。

曾子提到孔子的「忠恕之道」，就是這個意思，是孔子自認為的一以貫之的基本思想。

看到這裡，有沒有覺得前面幾句話有些耳熟？自己不願意做的事情，就不要強加給別人，不就是之前說過的「己所不欲，勿施於人」嗎？沒錯，完全正確。我們現在的知識，也有一條線索串聯起來了——這其實就是「一以貫之」的表現。

「己所不欲，勿施於人」，之前就說這是孔子的一個重要思想，而這個思想也是平時為人處世、做人的「一以貫之」原則之一。

我們可能有時候會想：「哎呀，做人好難啊，要面對各式各樣的人，要想各種人情世故，生怕哪句話沒說好，又得罪了誰，做人的EQ到底怎麼提高啊？」

其實，要做到這一點，說難也難，說簡單也簡單。用「一以貫之」的原則來說，你只需要秉持一個道理——己所不欲，勿施於人，就是前面說過的將心比心、換位思考就行了。如果你對每個人都能做到這一點的話，我敢保證，你肯定不會是一個讓人討厭的人。這是你做到了孔子說的「恕」，如果在這基礎上，你再能做到「忠」，就是待人忠心，既要自己成功，也要千方百計帶別人或讓別

人獲得成功，那麼你不僅不會讓人討厭，還會成為大家都歡迎並且愛戴的人。

所以說，儒家文化的精髓之一就是「忠恕之道」，這也是一個「一以貫之」的原則。

我們說了學習方法上的「一以貫之」，說了為人處世上的「一以貫之」，但在漫長人生中，要「一以貫之」的原則並不止這兩種。每個人都有自己需要「一以貫之」的原則，而這個「一」會因為每個人的不同而不同，重要的是要「貫之」，就是要堅持下去、從一而終。

有時候，能讓你「一以貫之」的東西，你自己一開始都未必能察覺到。

最後，再說一個小故事吧。大家都知道蘋果手機、蘋果電腦，對吧？蘋果公司的創始人之一，就是大名鼎鼎的史蒂夫・賈伯斯。有一次，他做了一個演講。在演講中他提到，自己在大學時憑興趣聽各種選修課，曾經被書寫課深深地吸引。十年後，他就把當年學

來的漂亮文字版式全都設計進了電腦中。我們都知道，蘋果的格式設計和字體設計，是有自己的獨特魅力。

賈伯斯在那段演講中說：「你們同樣不可能從現在這個點看到將來，只有回頭看時，才會發現它們之間的關聯。所以你必須相信，那些點點滴滴會在你未來的生活裡，以某種方式串聯起來。你必須相信一些東西——你的勇氣、宿命、生活、因緣，隨便什麼——因為相信這些點滴能夠一路串聯，會帶給你追隨內心的自信。它會令你遠離平凡，與眾不同。」

我們不妨品味一下這段話，再回想一下「一以貫之」的道理。

本講重點

一以貫之地學習

【原文】子曰：「賜也，女以予為多學而識之者與？」對曰：「然，非與？」曰：「非也。予一以貫之。」

【出處】《論語．衛靈公》

【釋義】孔子說：「賜啊，你以為我是學得多，並且把學來的東西一樣一樣記在心裡，是不是？」子貢說：「是啊，難道不是這樣嗎？」孔子說：「不是的，我是用一條線索把學來的東西貫穿在一起。」

【理解】有了這樣一條線索，無窮無盡的知識就可以串聯起來，在有限的人生中去學習掌握，而紛繁複雜的世間事物，也就因此有了條理。換句話說，你要試著去領會事物的本質和意義。

本講重點

一以貫之地處世

【原文】子曰：「參乎！吾道一以貫之。」曾子曰：「唯。」子出，門人問曰：「何謂也？」曾子曰：「夫子之道，忠恕而已矣！」

【出處】《論語．里仁》

【釋義】孔子說：「曾參啊！我的學說貫穿了一個基本的思想。」曾子就回答：「是。」孔子出去以後，其他學生就問曾子：「老師剛才的話是什麼意思啊？」曾子回答：「老師的學說，就是『忠』、『恕』兩個字罷了。」

【理解】儒家文化的一個精髓，就是「忠恕之道」。忠，就是自己要有作為，也要盡心盡力讓別人有作為。說到底，就是要待人忠心。恕，就是自己不願意的事情，就不要強加給別人。

而這其實也是我們做人「一以貫之」的一個原則，可以用來應對各種人情世故。用「一以貫之」的原則來說，你就始終秉持一個道理：己所不欲，勿施於人，也就是說過的將心比心，換位思考。

學習篇總結

《有故事的論語（學習．處世篇）》和《有故事的論語（修養．天地篇）》，是從《論語》中挑選適合的內容，熔鑄成一個個專題，兩書總共分為三十四講。

這三十四講是怎麼劃分的呢？絕不是「腳踩西瓜皮，踩到哪裡是哪裡」，而是由淺入深、循序漸進地分成了四篇：學習—處世—修養—天地。

第十講「一以貫之」剛好就是第一篇「學習」的最後一講。

大家還記得孔子說的那句話嗎：「溫故而知新，可以為師矣。」所以在每一篇的結束，都會有一節專門的回顧，一起來看看這一階段主要學了什麼。

現在，就讓時光倒轉，回到這本書的開頭，回到孔子所在的春秋時代。

那是一個戰亂不休又精采紛呈的時代，亂世風雲讓許多人的生活脫離了預定的軌道，成千上萬的貴族從上層社會跌落下來，流落到民間。而這樣的悲劇卻帶來了令人意想不到的後果：原先由貴族們專享的課程「六藝」——禮、樂、射、御、書、數——漸漸地在民間流傳開來，越來越多的普通老百姓都有了學習「六藝」的機會，這也是私人講學風氣的開始。

孔子就生在這樣一個歷史關鍵點上，他是私人講學老師中的佼佼者，因此被後人奉為教育界的祖師爺。他的言論被弟子們討論、編纂成一本書，就是我們現在正在學習的《論語》。

第一講和第二講的內容，介紹了《論語》這部書和孔子這個人。此外，我還特別說了一件事：中國歷史正是到了孔子的時代，普通人才有了學習的機會，這也是「學習」的前提。

然後，孔子在《論語》的開篇和我們討論了三件事：學習、朋友、君子。就是那句話：

子曰：「學而時習之，不亦說乎？有朋自遠方來，不亦樂乎？人不知而不慍，不亦君子乎？」

孔子透過這句話告訴我們：學習是一件快樂的事，學習需要朋友相互切磋，而學習的目標是要成為一名君子。

這段話既是整部《論語》的開篇，也是非常重要的一段話，所以我們花了整整三講的篇幅，從第三講到第五講都在解釋這段話，說了很多故事，舉了很多例子，大家還記得嗎？我們的目的就是希望大家能夠透過學習，結交朋友、感受快樂、寵辱不驚、相信未來。

從第六講開始，我們就涉及《論語》的核心，也就是孔子的弟子們從孔子那裡學習的核心內容——「仁」。

「仁」到底是什麼？我們為什麼要學習「仁」？

我們由此知道了「仁者愛人」，知道「同理心」，知道「換位思考」。我們透過學習「仁」，讓自己的心靈變得敏銳、寬廣，越來越善於理解他人的世界，越來越多地體會到和他人的心靈相通。由此，我們可以在世界中找到自己的位置，實現人生價值。

雖然「仁」很難完美地做到，但是每個人都可以從身邊的小事做起。這些是在第六講學習的內容。

在討論了學習背景、學習手段和學習目標之後，我們又來到了學習的起點：所有學習，要從認識自己開始。這既意味著我們要誠實看待自己的不足，也意味著要在無限廣闊、變幻莫測的世界面前永遠保持謙虛和敬畏，因為「學無止境」。這就是「知之為知之，不知為不知，是知也」的道理。這些是第七講的內容。

之後，又花了兩講的篇幅，即第八講和第九講，說了「學習」與「思考」的關係。

因為人類文明是成千上萬年累積的成果，很多問題的答案都已經擺在人類共同的知識海洋中。所以，與其獨自苦思冥想，不如一頭栽進這個知識海洋去尋覓、學習前人留下的思考痕跡。當然，光吸收現成的知識是不夠的，還要運用自己的思考來消化學來的知識，做到活學活用。所以，要時刻提醒自己：「學而不思則罔，思而不學則殆。」

在這個基礎上，我們又談到了「發明創新」和「從一而終」。

社會在發展，任何知識、技能都不可能一成不變，「創新」是必要的。但是，創新並不是無視舊的東西。只有當你把前輩留下的傳統都消化掌握、融會貫通之後，在遇到合適的環境與時機時，你才有可能靈感迸發，突破舊的傳統、生出真正的發明創造。

這就是「溫故知新」。

我們都知道「學海無涯」，但學習並不是把學來的東西一樣一樣記在心裡。要把握住一條線索，貫穿起紛繁複雜的現象背後的「意義」，你就能以簡馭繁。到這個時候，你會更加真切深刻地體會到學習的快樂，這相當於武俠小說中說的「打通任督二脈」時的痛快和酣暢。

不僅知識，你的人生也有一條神祕的線索。找到這條神祕的線索，讀懂屬於自己的人生故事，這是每個人生來就被賦予的人生使命，而這也是「一以貫之」的道理。

在「一以貫之」的最後，我們談到了「人生」。所以在第一階段告一段落之後，我們在下一講將進入下一階段：「處世。」

學習的目的是「學以致用」，也許大家現在的年紀還不大，也許還處於父母的呵護之下，但其實你們已經開始接觸社會，開始了自己的人生。

在下一篇中，將慢慢地從純粹的學習方法論中走出來，結合更多的為人處世的道理來講故事。恭喜你們，已經學完了第一篇。讓我們一起向前進！

處世篇

第十一講

說話的方式：我們來說說「詩」

從這一講開始，將進入本書的第二部分，也就是「處世」。

我們先來說說，「處世」是什麼意思。其實簡單來說，就是「步入社會」的意思。就像在第一篇總結裡說的，這並不是說你們現在就要步入社會，而是在第二篇講的《論語》的內容，會更多地和社會、人生結合起來。

例如今天我們要講的內容，就和「說話的方式」有關。

有人可能會問：「說話就是說話，需要什麼方式嗎？」

嘿嘿，說話當然需要方式。先來看一個故事，這個故事和孔子以及他的兒子有關——這是我們第一次說到孔子的兒子！

話說孔子教了很多弟子，但有些弟子總是在心裡存有懷疑：「孔子老師有沒有把所有的東西都無私教給我們呢？他是不是還留了一手，把最重要的東西教給了自己的兒子呢？」

我們就來看看孔子的兒子是怎麼說的吧。

孔子的兒子，叫孔鯉，「鯉」就是鯉魚的「鯉」。為什麼要叫這個名字呢？因為在孔子兒子出生的時候，魯國的國君魯昭公送給孔子一條大鯉魚，孔子就為他兒子取了這樣一個名字。大家想想，還好當時魯國的國君沒有送孔子一隻狗或一隻貓，或一隻雞，不然……。

有一天，孔門弟子裡有個人終於按捺不住好奇心，就問孔鯉：「師兄啊，你父親有沒有教過你什麼特別的東西？」

孔鯉是這樣回答的：

「沒有什麼特別的啊。有一次，我父親獨自站在堂上，我從中庭走過去，父親就對我說：『你學詩了嗎？』我說：『還沒呢。』父親說：『不學詩，你就不會好好說話啊。』於是我就去學詩。又有一次，我父親獨自站在堂上，我從中庭走過去，父親就對我說：『你學禮了嗎？』我說：『還沒呢。』父親說：『不學禮，你就不懂如何在社會上立足啊。』於是我就去學禮。我私下聽到的教訓，

就只有這兩次。」

提問的這個弟子聽了以後可高興了，說：「這回啊，我提一個問題，明白了三件事：要學詩，要學禮，還有君子不會特別優待自己的兒子。」

為什麼說孔子沒有特別優待自己的兒子呢？因為「詩」和「禮」都是「六藝」裡的內容，大家還記得我們反覆提起過的「六藝」吧？孔子教他弟子的主要內容就是「六藝」，孔子並沒有藏著掖著。

這裡就說到了兩個字：「詩」和「禮」。

這一講，我們先把「禮」放一放，先說這個「詩」。孔子當時的這句記錄在《論語》裡的原話，叫作：

「不學《詩》，無以言。」

什麼意思呢？就是「不學詩，你就不會好好說話」。

啊？真的有那麼嚴重嗎？這就要看你怎麼定義「好好說話」了。

我們都是從小開始念唐詩、背唐詩的，對吧？你們有沒有想過，為什麼要念、要背誦這些唐詩呢？當然，很多唐詩詩句是很優美的，欣賞或喜歡美的事物，不需要更多理由。但其實，唐詩不光美，還能讓你說的話更好聽，更能表達出自己的情緒和感想。

舉個例子。你去外地旅遊，看到江邊夕陽餘暉下水天一色、飛鳥還巢的美景，感到心曠神怡。一般人會怎麼說？肯定是「啊！好美啊」。但是，如果你讀過王勃的〈滕王閣序〉，就可以脫口而出：「落霞與孤鶩齊飛，秋水共長天一色。」

在你學生時期，當有同學轉學，或者畢業後各奔東西，你想留一句值得紀念的道別話給你的好朋友，肯定會覺得「保重」、「保持聯絡」、「我會想你的」這樣的話太普通了。這時候，如果你看過唐朝詩人高適的詩，就會真誠而自然地說上一句：「莫愁前路無知己，天下誰人不識君！」

可能有人會說，把話說得這麼漂亮，又有什麼用呢？其實，「好好說話」的關鍵並不在於把話說得漂亮，倘若僅僅是這樣，就成了誇誇其談，只會做口頭文章了，這反而是孔子看不起的。「好好說話」的關鍵在於，說話必須出於真心。在這樣的前提下，說話的同時就是在塑造你的感受能力。要知道，心中有感受而無法用語言形容出來，其實是挺憋屈的一種感覺。我們為什麼有時候會佩服

一些主持人或作家？因為大家的感受是相同的，但他們就能把我們心中無法表達的感受說出來、寫出來。

所以，「不學《詩》，無以言」的第一個關鍵作用就是，讓你透過學習說話，把自己的真實感受用最貼切的話說出來。同時，學會說話還可以把自己的心靈塑造得更加細膩、寬廣，並以此來感受世界、理解他人。

當然，達到這一層境界主要和你自己的感受有關。如果再進一步，透過學詩而學會好好說話，就是一項非常實用的技能，因為這涉及和別人的有效溝通和互動。

孔子就認為，透過「學詩」，人是可以、也應該掌握一些內政和外交本領的，否則就是白學了。這個觀點在《論語》裡也出現過，原文是：

子曰：「誦《詩》三百，授之以政，不達；使於四方，不能專對；雖多，亦奚以為？」

這是什麼意思呢？就是：「讀熟了《詩》三百，把內政交給

他，他辦不妥當；派他出使四方，他也不能獨當一面地應對。這樣的人雖然學得多，又有什麼用呢？」

這裡必須要提一下，「《詩》三百」是什麼呢？就是《詩經》。這是中國最早的詩歌總集，裡面總共收錄三〇五首詩。相傳，《詩經》就是孔子從三千多首古詩中整理、編訂出來的。

那麼，孔子為什麼要這麼說呢？其實，這與春秋時代的背景有關係。

春秋時期，國與國之間的大使互相拜訪、商量事情的時候，往往會引用古人的詩句表達自己的意思。為什麼呢？因為這些上古傳下來的詩句，是當時中原大地上各個國家貴族們從小學習、傳誦的作品，屬於他們的共同語言。外交場合念或唱這樣的詩句，首先有一種親近感，表示我們大家都屬於一個共同的文化圈，有共同的價值觀。其次，外交上一些不需要或不方便擺在檯面上說的，或者不想太直接說的，用一句詩，大家就彼此心領神會了。

而且，在春秋時期，當外交活動進行順利、各方達成共識的時候，大家還會一起吟唱熟悉的詩句來載歌載舞一下。這裡要指出的一點是，春秋戰國時期以及更早時期的詩，都是配音樂的，是可以唱出來，甚至還可以加入舞蹈動作，邊唱邊跳、載歌載舞。

可見，在孔子那個時代，「學詩」是有非常實際的用途的。

其實，外交場合用到詩歌的這個慣例，一直沿用到現在。很多時候，世界各國的外交發言都會引用本國的經典詩句。不信的話，大家可以看看一些外交部新聞發言人的發言，經常是引經據典。你如果不好好學一些詩，不研究一下傳統文化，可能還真的會領會不到其中的意思！

說完了「詩」，請大家不要忘記，當初孔鯉對來打聽的孔門弟子其實說了兩件事，就是「我父親不僅叫我要學『詩』，還要學『禮』」。

那麼，「禮」的重要性又表現在哪裡呢？為什麼孔子只盯著自己兒子學這兩樣呢？這個小謎團，就放到下一講來說吧。

歡迎各位，
我們魯國有一句話
叫作：
「有朋自遠方來，
不亦樂乎！」
魯

不學《詩》，無以言

【原文】陳亢問於伯魚曰：「子亦有異聞乎？」對曰：「未也。嘗獨立，鯉趨而過庭。曰：『學《詩》乎？』對曰：『未也。』『不學《詩》，無以言。』鯉退而學《詩》。他日，又獨立，鯉趨而過庭。曰：『學禮乎？』對曰：『未也。』『不學禮，無以立！』鯉退而學禮，聞斯二者。」陳亢退而喜曰：「問一得三：聞《詩》，聞禮，又聞君子之遠其子也。」

【出處】《論語．季氏》

【釋義】不學詩，就不能好好說話。

【理解】透過學習說話，把自己的真實感受用最貼切的話傳達出來；同時，學會說話還可以把自己的心靈塑造得更加細膩、寬廣，並以此來感受世界、理解他人。多學一些詩，不僅僅是文章能寫得好，關鍵是能更舒暢地表達出自己心中的感受，同時還能夠促進和別人的溝通和互動。

《詩》三百

即《詩經》，收集了西周初年至春秋中葉的詩歌，絕大部分作品的作者已無法考證，相傳為尹吉甫採集、孔子編訂。

【評價】中國古代詩歌開端，是歷史上最早的一部詩歌總集，共三一一篇，其中

| 本講重點 |

六篇只有標題，沒有內容，所以有內容的一共三〇五首，因此也稱為「《詩》三百」。

【內容】分為《風》、《雅》、《頌》三部分。很多著名詞彙都是出自《詩經》，例如「窈窕淑女」、「在水一方」、「道阻且長」、「逃（桃）之夭夭」……

【意義】《詩經》內容豐富，反映了勞動與愛情、戰爭與徭役、壓迫與反抗、風俗與婚姻、祭祖與宴會，甚至包括天象、地貌、動物、植物等方方面面，是周代社會生活的一面鏡子。

第十二講

做人的EQ：來說說「禮」

我們先來看看《論語》裡的原文，看看孔子是怎麼說的，這句話很短，就六個字：

「不學禮，無以立！」

這是什麼意思呢？就是「不學禮，你就不懂如何做人」。如果延伸一下，就是：「不學禮，你就不知道如何在社會上立足。」

那麼，「禮」究竟是什麼？它和「做人」、「在社會上立足」有什麼關係呢？

我們不妨先把「禮」簡單理解成它字面上最簡單的意思：禮貌，禮儀。有很多時候，如果你不講禮貌，明明你做的事情很對、很好，還是會搞砸了。

我們來說個故事。

古時候，有一個經常做善事的善人，叫黔敖。有一年鬧饑荒，他做好飯、湯等食物擺在大路邊，準備把食物分給飢餓的人吃。有一個饑腸轆轆的人昏昏沉沉地走了過來，黔敖就對他吆喝了一句：「嗟！來食！」

這句話是什麼意思呢？「嗟」就相當於「喂」的意思，是個語氣詞。這句話的意思相當於：「喂！來吃！」相信大家和我一樣，都覺得這樣的語氣挺不禮貌的。

於是，那個人就瞪著黔敖說：「我就是因為不吃侮辱我尊嚴的食物，才餓成這個樣子。」黔敖趕緊追上前去向他道歉，他仍然不吃，最終餓死。

這個故事出自另一本很有名的古書，叫《禮記》。這個故事也就是成語「嗟來之食」的典故，意思就是「侮辱性的施捨」。

大家還記得孔子的弟子曾參嗎？他在聽到這件事後評論說：「也不用這樣吧！黔敖不講禮貌的時候，當然可以拒絕；但他道歉之後，還是可以去吃的。」

在這裡，我們只討論這個黔敖。他明明在做好事，卻因為一句話說得不禮貌，結果對方不領他的情，好事辦成了壞事。在我看來，這個故事說明每個人都有尊嚴，都需要得到尊重，人有的時候會把這尊嚴看得比生命更重要。

而「禮貌」是什麼呢？禮貌，就是時時刻刻照顧他人的尊嚴，並且在語言、行動上表現出對他人的尊重。例如，故事中的黔敖假如一開始就說：「您好，請吃吧。」那麼，後面的悲劇很可能就不會發生了。

當然，這個故事比較極端。在日常的溝通和往來中，我們只要將心比心、換位思考，很多不愉快就能避免。這又要說到我們之前說過的「己所不欲，勿施於人」，如果別人對你喊：「喂！過來吃！」你會高興嗎？如果你覺得自己也會不高興，就不會這樣去對待別人了。

我們剛才說到「尊嚴」二字，應該說，承認每個人的尊嚴，注意培養人的尊嚴感，就是古人講的「禮」的實質。反過來說，如果每個人都在意自己的尊嚴，做了壞事會感到羞恥，這樣的社會就會好很多。在孔子看來，這就是透過「禮」來維持社會的秩序。《論語》中有這樣一段：

子曰：「道之以政，齊之以刑，民免而無恥；道之以德，齊之以禮，有恥且格。」

在這裡，「道」的意思是引導；「齊」的意思是「整齊」，作動詞用，就是「維持秩序」；「免」的意思就是不做壞事，免於刑罰；「格」，我們可以理解為主動靠近規矩、理想，也就是說，自

覺自願地做一個好人。

那麼，這段話我們可以理解為：孔子說「用政令和刑罰來引導、維持社會秩序，老百姓固然會不做壞事、免於刑罰，但他們不會感到做壞事是令人羞恥的；用道德和禮儀來引導、維持社會秩序，老百姓不光有羞恥心，而且會自覺自願地做一個好人」。

你們看，在前一種情況下，老百姓不做壞事，是因為害怕刑罰；而後一種情況，透過「禮」的培養和塑造，人人都在意自己的尊嚴，感到做壞事是可恥的，所以自覺自願地向善，和用刑罰「逼迫」人向善比起來，後者是不是更好？

當然，必須要指出的一點是，在現實生活中，「德」和「禮」是不能完全取代「政」和「刑」，這也是現在人人都要講法、講法治社會、講人人敬畏法律的原因。因為不可能要求每個人時時刻刻都用道德和禮儀來約束自己，還是需要有政策和法律來規範。但是呢，法律制定得再細也難免有疏漏的地方，法律執行得再高效也難免會有管不到的地方，這時候，就需要尊嚴和羞恥心來引導人盡量

不做壞事。

這點其實挺重要的，如果沒有發自內心的這種尊嚴感和羞恥心，有些人就會在大庭廣眾之下顯出很高尚的樣子，而在一些法律疏於管理的場合，顯得非常自私，甚至卑鄙無恥。這種人，之前也提到過，有一個稱號專門形容這種人，就是「偽君子」。

舉個例子。如果你們關注社會新聞，可能會看到這類新聞：有人坐高鐵，明明他買的票不是這個座位的，卻一定要占別人的位置坐著，還振振有詞覺得自己有道理，不肯讓座。

由於之前缺乏相關的處置條例，一段時間內，列車工作人員甚至鐵路警察對這種惡劣行為也沒什麼有效辦法。但是，這種情況被網友拍攝後放到網路上，引發大家在網路上的一致指責和批評，有些當事人就只能被迫公開道歉。而更多的人知道這是一件非常丟臉的事，以後就不會去做了。

再進一步呢？後來，相關條例陸續做了修訂，規定可以把這類霸占座位的人列入黑名單，甚至制定更嚴厲的措施。於是，會這樣

做的人就更少了。

再舉個例子。不知道你們是怎麼看的，反正我是非常不喜歡那些在飯店裡對服務人員吆五喝六，像指揮僕人一樣的人，有些人甚至還辱罵服務生。但你說，法律會管這樣的人嗎？法律並不會規定一條：對待餐廳服務人員一定要禮貌客氣。但是，法律不管，每個人的羞恥感和素養會管。你對服務生大聲吆喝，並不能顯示你就高人一等，反而會讓人覺得你這個人很沒有素質。當這個觀點漸漸在全社會達成共識的時候，大家都會以做出這種行為為恥，整個社會的素質就提高了。

所以你們看，要維持一個好的社會秩序，「法」的精神當然非常重要，但「禮」的教化也是不可少的。

對於我們每個人而言，假如不懂「禮」，確實是很難在社會上立足，這就是孔子他老人家講的：「不學禮，無以立。」

不學禮，無以立

【原文】陳亢問於伯魚曰：「子亦有異聞乎？」對曰：「未也。嘗獨立，鯉趨而過庭。曰：『學《詩》乎？』對曰：『未也。』『不學《詩》，無以言。』鯉退而學《詩》。他日，又獨立，鯉趨而過庭。曰：『學禮乎？』對曰：『未也。』『不學禮，無以立！』鯉退而學禮，聞斯二者。」陳亢退而喜曰：「問一得三：聞《詩》，聞禮，又聞君子之遠其子也。」

【出處】《論語．季氏》

【釋義】不學禮，你就不懂如何做人。

【理解】很多時候，如果你不講禮貌，明明你做的事情是很棒的，但還是會搞砸了。禮貌，就是時時刻刻照顧他人的尊嚴，並且在語言、行動上表現出對他人的尊重。在日常的溝通和往來中，我們只要將心比心、換位思考，很多不愉快就能避免發生。

以法治人，以禮服人

【原文】子曰：「道之以政，齊之以刑，民免而無恥；道之以德，齊之以禮，有恥且格。」

【出處】《論語．為政》

【釋義】孔子說：「用政令和刑罰來引導、維持社會秩序，老百姓固然會不做壞事，從而免於刑罰，但他們不會感到做壞事是令人羞恥的；用道德和禮儀來引導、維持社會秩序，老百姓不光有羞恥心，而且會自覺自願地做一個好人。」

【理解】這句話點出了「禮」在維持社會秩序中所發揮的作用。即便是在法治社會，每個人心中道德感和羞恥感的培養還是很重要的。要維持好的社會秩序，「法」的精神當然非常重要，但「禮」的教化也是不可少的。

嗟來之食

【原文】齊大饑。黔敖為食於路，以待餓者而食之。有餓者，蒙袂輯屨，貿貿然來。黔敖左奉食，右執飲，曰：「嗟！來食！」揚其目而視之，曰：「予唯不食嗟來之食，以至於斯也！」從而謝焉，終不食而死。曾子聞之，曰：「微與！其嗟也，可去，其謝也，可食。」

【出處】《禮記．檀弓下》

【釋義】我就是因為不吃侮辱我尊嚴的食物，才餓成這個樣子的。

【理解】現在用來形容一個人有骨氣，例如「不受嗟來之食」。「嗟來之食」用來形容侮辱性的施捨，這證明了如果沒有禮，好心也會辦壞事。

第十三講

君子之爭：聊一聊體育

在前面兩講，我們講了「詩」和「禮」，並再一次提到了「六藝」，也就是古代貴族的專業課程。

我們不妨「溫故知新」，先簡單複習一下：「六藝」就是禮、樂、射、御、書、數，其中，「禮」是禮貌、禮儀，「樂」是音樂、詩歌，「射」是射箭，「御」是駕駛馬車，「書」是認字、寫文章，「數」是測量、算術。

其中的「樂」和「禮」，就是上兩講講的詩和禮；而「書」和「數」，就是認字、寫文章和做算術，這兩樣別說在孔子的時代了，即便到現在，語文和數學依舊是學生最重要的兩門主科，所以就不再多說了。

接下來，我想和大家說剩下的兩「藝」：「御」和「射」，也就是駕駛馬車和射箭這兩項技能。應該說，這兩項技能是可以歸到我們今天「體育」這個範疇。

所以，我們就來聊聊「體育」。

關於「御」和「射」這兩項體育技能，孔子是怎麼看的呢？在《論語》裡面，正好有相關的段落。

話說有一位孔子的粉絲，這樣讚美孔子：

「大哉孔子！博學而無所成名。」

意思就是：「孔子真是偉大啊，簡直無所不能。博學得無須靠任何一項技能來成名。」

怎麼理解這句話呢？

我們都知道義大利文藝復興時期的著名天才達文西吧？很多人應該都聽過他小時候畫雞蛋的故事。但達文西並不只會畫雞蛋，他是一名偉大的畫家。更重要的是，他不僅僅是一位畫家，在物理、生物、哲學、文學等方面都有卓越的成就。所以，像什麼畫家、生物學家、文學家之類的頭銜都不足以概括達文西。雖然很多人知道達文西是因為他的那幅名畫《蒙娜麗莎》，但達文西其實不是靠任何一項具體的技能成名，達文西就是達文西，我們只能稱他為「文藝復興時代的巨人」。

在那位粉絲眼裡，孔子也是這樣的人物。所以他說：「大哉孔子！博學而無所成名。」孔子聽了這話是怎麼說的呢？他對弟子們說：

「吾何執？執御乎？執射乎？吾執御矣。」

這裡的「執」就是「專長」的意思。孔子這句話可以這樣翻譯：

「我究竟有什麼專長呢？是駕馭馬車，還是射箭？我還是駕馭馬車吧！」

孔子說自己專長的時候，壓根沒說詩、沒說禮、沒說書、沒說數，卻在御和射之間做了一個選擇，最終還是選擇了御，也就是駕馭馬車。

當然，這並不代表孔子就小看了「射」。在《論語》中，關於射箭，孔子曾經說過這樣一句話：

「君子無所爭，必也射乎！揖（一）讓而升，下而飲，其爭也君子。」

「揖讓」是一種禮節，有點像古裝電視劇中常見的拱手行禮，表示尊敬的意思。我們常聽到古人說：我給您做個揖。這裡講的「射」並不是單指射箭比賽，而是有點像現在的體育比賽。「升下」

其實是分開的兩個意思：「升」和「下」，分別表示登上賽場和離開賽場，「飲」就是比賽完了隊員們面對面站著喝酒慶賀。

這句話翻譯出來是這樣：

「君子一般不與人競爭，一定要爭的話，那就是在比賽射箭的時候。登上賽場，離開賽場，喝酒慶賀，都要相互拱手行禮表示尊敬，這就是『君子之爭』了。」

你們看，孔子說射箭比賽，主要說的就是行禮、喝酒、拱手，有沒有覺得少了什麼？沒錯，他完全沒提到比賽的輸贏或怎麼獲勝。

假如能回到孔子的時代，我們可能就會理解一些。當時的貴族之間，包括平民之間，都會定期舉行「射禮」這種類似「射箭比賽」的活動。在「射禮」的賽事當中，透過勝負選拔優秀的射箭人才來保家衛國，當然是活動的主要目的之一。但是我們要注意到「射禮」中還有一個「禮」字，這說明「射禮」也是個具有禮儀性質的社交活動。在平等競技的過程中，參與者可以加深對彼此的了解，

從而培養感情、增進友誼，加強整體的團結。

所以，請問你們一個問題：你為什麼要參加體育運動？我相信最多的回答肯定是：能夠強身健體！

這個回答當然沒錯，參與體育運動和鍛鍊，能讓我們身體更壯、吃飯更香，這也是最基本的出發點。

但是，從孔子對待體育的角度來看，我們在強身健體之外，還可以獲得更多東西。例如，我們前面說到的「禮」。

舉個例子。大家都知道「空手道」這項運動。現在說起這項運動，就會想起日本。確實，這項運動目前在日本最興盛，但它的一個重要起源是中國傳統武術中的「唐手」。我為什麼要說空手道這個例子呢？因為我在做體育記者的時候，報導過不少空手道的比賽和訓練。空手道是一項非常講究禮儀的運動，它吸收了中國古代儒家和佛教禪宗的思想，經過日本人的發揚和傳承，在表現「勇武」的同時，還表現「仁愛」、「信義」、「清廉」的精神。而其實「仁愛」、「信義」這些精神，也都是《論語》留給我們的道理。空手道在教學、訓練和競技比賽的各種場合，都有嚴格的禮儀規範，這些禮儀包括鞠躬、跪拜，以及在行禮時要大聲說一句「osu」。如果你們有學空手道，肯定會很有體會。我以前報導空手道這項運動的時候，採訪過不少讓孩子學空手道的家長。他們都有一個共同感觸：這項運動，其實是在教孩子學禮儀。

當然，空手道的禮儀規範非常多，大家對這項運動未必了解。我們就換個例子，換一個平時比較熟悉的體育運動。例如現在世界第一的運動，足球。

一說起足球比賽，我們腦海中浮現的景象往往是快速的奔跑、激烈的拚搶和精采的射門，對吧？但你們有沒有注意到，足球比賽儘管很激烈，甚至有時候會讓你感覺有一點野蠻，但還是有很多關於「禮」的細節。

例如開場前，雙方隊員都要像流水線一樣面對面交錯而過。他們在幹什麼呢？握手。這種方式是保證每一個隊員都能和對方隊員握到手。而比賽後呢？剛才還在場上拚殺得你死我活的隊員，有的會相互握手，有的會互相擁抱，還有的會互相交換球衣。

其實在比賽過程中，還有一個很值得注意的細節，不知道你注意到沒有：A、B兩支球隊交鋒，在比賽中，如果A隊有球員忽然

受傷倒地，此時B隊有球員在控球，他就會將球踢出邊線，讓比賽中斷，從而留給A隊隊員休整以及隊醫入場治療的時間。當比賽恢復時，拿到球權的A隊隊員不是應該發球了嗎？他會怎麼做呢？他會將足球扔或踢回給B隊，讓B隊重新進攻，為什麼？因為這個球本來是在B隊隊員腳下的，是因為A隊隊員受傷，B隊故意讓比賽中斷。

在足球比賽的規則中，並沒有明確規定有球員受傷倒地，對方球員就必須要將球踢出邊線。但在世界各國的俱樂部聯賽，包括洲際比賽、世界盃中，大家都是這麼做的，因為這是一種禮貌的表現，這就是「禮」。如果你多參加一些體育運動，尤其是團隊運動，就更能感受到「禮」的存在。這種禮在現在的說法，就是「風度」。

問題來了：是不是我在體育比賽中，只要講究「禮」就可以？甚至可以稱得上是「君子」了？

並不是。既然是體育比賽，肯定要分出勝負的，照你這麼說，一場足球比賽，大家也不要踢了，誰鞠躬鞠得更深、招呼打得更誠懇，就算誰贏好了。

孔子說射箭是「君子之爭」，雖強調君子，但也沒忽略那個「爭」字。「爭」就是比賽，是要分出輸贏的。

那麼，怎樣才能在體育比賽中顯示出「君子之爭」呢？顯然，光有「禮」是不夠的，肯定還有其他東西。那是什麼東西呢？

我們先來說一個故事。這個故事，還是關於足球比賽。

一九九七年三月二十四日，一場英格蘭足球超級聯賽在利物浦隊與阿森納隊之間進行。當比賽進行到六十三分鐘時，當時利物浦隊的著名球星羅比．福勒帶球突入禁區，和對方門將西曼一起倒在地上。當時主裁判立刻就判罰了十二碼，並且將西曼紅牌罰出場外。

這對利物浦隊而言是一個非常有利的判罰：對方場上將少一個人，而且還獲得一個破門機率很大的十二碼機會。

但是福勒從地上爬起來的時候連連搖手，大家以為他在責怪門將西曼。但出乎大家意料的是，福勒是在對裁判搖手。他跑到裁判面前，表示對方門將並沒有絆到自己，是他自己摔倒的，對方門將不應該被罰下場，十二碼也不應該判。

結果，因為福勒的解釋，主裁判收回了紅牌，但還是堅持要判罰球點球。後來，福勒的十二碼被門將西曼撲出，由隊友補射破門。有人說，福勒是故意踢丟那個十二碼，也有人說不是。關於福勒是不是故意踢丟十二碼，有爭論。但他之前找裁判說明不應該判罰十二碼，卻是透過電視轉播呈現在所有觀眾面前。所以賽後，各大新聞媒體都用很大的版面來讚揚福勒。讚揚他什麼呢？讚揚他表現了真正的體育精神——公平公正的體育精神。

所以你看，我們所說的「君子之爭」，其實指的就是這樣的比賽：首先，我會全力以赴地去爭取勝利，但同時，也要保證公平公正地贏得比賽。這光靠做好表面禮儀是不夠的，還需要有發自內心的風範和風度。所以，雖然福勒是一個外國人，但就他這個行為而言，是符合孔子說的「君子」的定義。

福勒的這個舉動，恰恰說明了「友誼第一，比賽第二」。孔子說的體育比賽的「君子之爭」，可以在個人與個人之間發生，也可以在團隊與團隊之間發生，有時候，甚至可以在國家和國家之間發生。

再來說個故事，這次是關於另一項體育運動——乒乓球。

一九七一年，當時中國和美國還沒有建立外交關係，甚至可以說是敵對國家。在那一年的日本名古屋第三十一屆世界乒乓球錦標賽上，美國乒乓球隊一名叫科恩的隊員，比賽後粗心大意，竟然上了中國隊的遊覽車。當時在中國隊的遊覽車裡，氣氛非常緊張：怎麼突然上來了一個敵對國家的選手，什麼情況？

大家誰都沒說話，也不知道說什麼。就在僵持和尷尬中，中國乒乓球隊一位叫莊則棟的隊員站了出來，主動帶翻譯去和科恩交談。臨下車時，莊則棟還代表中國隊送給科恩一條一尺長的杭州織錦作為禮物。後來，莊則棟回憶在遊覽車上為什麼會主動和美國隊員打招呼時，他說的第一個理由就是：「我們是一個禮儀之邦。」

美國隊員誤上中國隊的車，中國隊員送了美國隊員禮物。這個消息可不得了，甚至取代那一屆世界乒乓球錦標賽，成為全世界媒體非常關注的爆炸式新聞。

美國乒乓球隊聽了科恩的報告之後，立刻就提出希望訪問中國。之後，中國也答應了。不久，美國乒乓球隊就經香港訪問中國，受到熱情接待，中美兩國關係也漸漸升溫。一九七二年，美國當時的總統尼克森出乎全世界其他國家的意料，主動訪問中國，這預示著中國和美國的關係開始大大緩解。最終，中國和美國建立了外交關係，並且一路風風雨雨，走到現在。

儘管中國現在和美國在不少方面存在分歧，但無論中國還是美

我們車上都是肚子裡有東西的，
您好像和我們不一樣啊……

國，都非常認可當初那段建交的歷史。

而這段歷史，就是著名的「乒乓外交」，也被稱為「小球推動大球」，是由體育比賽時的友誼引出的一段佳話。

其實不光是乒乓球，也不光是中國和美國，無論是在過去、現在和將來，體育比賽很多時候一直是調節國家關係的一種有效手段。

兩個故事都說完了，再次回到之前問過的問題：我們為什麼要參與一些體育運動？沒錯，強身健體是很重要的一個目的，但參與體育運動，還可以給你更多的收穫。例如抗挫折能力。

別說足球或籃球這種對抗激烈的運動了，我曾經採訪過一個家長，他讓孩子去學圍棋。他說他並不指望孩子長大後能成為一個九段職業高手，而是認為既然下棋就肯定會有輸贏，輸了能夠不灰心，繼續下好下一盤棋，這對孩子來說就是一次抗挫折教育。他的孩子一開始輸棋就哭紅鼻子，但後來輸棋後願意主動坐下來，和對手一起復盤分析自己輸在哪裡。

又例如團隊協作能力和集體精神。像籃球、足球這些團隊運動，不光是你一個人打得好、踢得好就行，你還有隊友，你們要互相配合、講戰術。在球場上，誰都想射門，誰都想投籃，誰都想當明星，但為了團隊，就要有人做出取捨，要發揮每個人的長處，最終團結一致去獲得勝利。

再例如風度和公平精神。像前面說的圍棋，其實有一個規矩，就是一場棋下完，你無論輸贏，都要和對方一起復盤研究和討論這盤棋的得失。再例如足球比賽，我看過不少小學生的足球比賽，輸了的一方有時候會哭，但在教練的催促下，很多隊員都抽著鼻涕、流著眼淚去和獲勝的隊員握手。更不用說我們能透過參加體育運動結交更多的朋友，收穫更多的友誼。

我們的比賽雖然不可能提升到「乒乓外交」的程度，但透過一場場的比賽，找到一個個一起笑、一起哭、一起努力拚搏的好伙伴，並非一件很難的事。

而這些，都是貫穿在體育運動中的「體育精神」，也是我們說的「君子之風」。我們說參加體育比賽要「勝不驕，敗不餒」，這不就是之前說過的「寵辱不驚」、「人不知而不慍」嗎？還有，在比賽中，誰都不能接受對方耍賴或違反規則獲勝，那麼自己就先以身作則，這不就是「己所不欲，勿施於人」嗎？

那些講究禮儀、展現風度、尊重對手的種種行為，就是君子風

度最好的表現。

所以，如果你在這麼激烈和講究勝負的體育比賽中都能彬彬有禮，表現文明人的風度和規矩，那麼在日常生活中，你就更容易成為一個有風度、有禮貌的翩翩君子。

這就是我們要參加體育運動的一個重要理由。

我們前後學的東西，彷彿真的是有條「神奇的線索」串在一起的，例如這兩講說的主題，又把之前學的「君子」、「禮」回顧了一遍，所以說「一以貫之」，是有道理的。

| 本講重點 |

君子之爭：禮為先

【原文】子曰：「君子無所爭，必也射乎！揖讓而升，下而飲，其爭也君子。」

【出處】《論語．八佾》

【釋義】孔子說，「君子一般不與人競爭，一定要爭的話，那就是在比賽射箭的時候。登上賽場、離開賽場、喝酒慶賀，都要相互拱手行禮表示尊敬，這就是『君子之爭』了」。

【理解】從孔子對待體育的角度出發，我們在強身健體之外，其實還可以獲得更多的東西。如果你多參加一些體育運動，尤其是團隊運動，就更能感受到「禮」的存在。這種禮在我們現在的說法，就是「風度」。

第十四講

大處著眼，小處著手

在前面幾講，我們討論了詩歌、禮儀和體育。要知道，這些不僅是孔門弟子日常學習的重要科目，而且和現實世界的實際運用息息相關。之前有說過，我們已經進行到第二篇，第二篇的主題是「處世」，就是學以致用，到現實社會中去做事情。

什麼態度是適合做事情的態度？或者說，做事情的基本原則應該是什麼樣的呢？《論語》的相關段落用八個字對此進行總結，那就是：

「大處著眼，小處著手。」

怎麼理解這八個字？老規矩，我們先講故事。

在這個故事裡，出場的是孔子的兩位高徒：一位姓卜，名商，字子夏；另一位姓言，名偃（ㄧㄢˇ），字子游。我們說過，為了表示尊敬，古人稱呼別人都用他們的字，所以我們稱他們為子夏和子游。

《論語》中記錄了子夏和子游這樣一段故事。

這個故事發生的時候，子夏和子游都已經學有所成，開始自己收學生了。當然，這兩個孔門弟子彼此之間還保持著聯絡，經常一起討論、切磋。有一次，子游就說了一句話：

「子夏之門人小子，當灑掃、應對、進退，則可矣，抑末也。本之則無，如之何？」

這句話的意思是：「子夏教出來的學生啊，灑水掃地、言語應對、迎來送往，這些事情都沒問題。可惜這些都是小節，根本、高明的東西沒教好，那怎麼行呢？」

這話傳到了子夏的耳朵裡，他就回應了一句話：

「噫！言游過矣！君子之道，孰先傳焉？孰後倦焉？譬諸草木，區以別矣。君子之道，焉可誣也？有始有卒者，其惟聖人乎！」

意思就是：「哎呀，子游的話有點不公平啊。君子的學問，先教什麼、後教什麼，應該根據學生程度的深淺來決定。就像培育植物一樣，是要區別對待的。要是不問程度深淺，一概從根本、高明的東西開始教，誤人子弟，那怎麼可以呢？把小節和高明融為一體、一以貫之，只有聖人才能做到吧！」

大家看，這兩位孔子的學生針對一個問題有了不同的看法。哪個問題呢？就是教學方法的問題。舉個例子，就好比教學生寫作文，子夏呢，是從怎麼用詞、怎麼造句開始教起。子游就不認同，他的意思就是：子夏，你教的學生啊，確實能夠把詞用準確，把句子寫通順。但是一篇好文章的判定標準是什麼？是立意是否高明，見識是否深刻啊！你不教這些怎麼行呢？

子游的話有道理嗎？我覺得有道理。但子夏也有自己的理由，他認為學生的學識深淺程度其實各有不同，不區別對待，一開始就統一教高明的東西，這不是耽誤人家嗎？如果有些學生確實連造句還不會，怎麼辦？走路還沒學會，就教他跑步嗎？

子夏的觀點是：我先教學生們把句子寫通順、踏踏實實，這也不妨礙他們將來的水準越來越高，最後能寫出立意高遠的文章，是不是？

透過這樣一個比方，不知道大家看明白了嗎：子游和子夏這兩位先生講的道理其實都沒錯，只是關注的點不同。

我們不妨說，子游先生講究文章要立意高遠是「大處著眼」，

而子夏先生強調先要學好遣詞造句是「小處著手」。這兩者結合起來，就是我們之前說過的「一以貫之」，是位在同一條線上——教學是如此，在社會上實際做事情也是如此。

子夏強調的「小處著手」，就是腳踏實地、循序漸進，即使未必能夠一下子達到很高明的境界，也可以一點一滴地累積收穫。

我們回到子游說的那句話：「灑掃應對進退」，就是「灑水掃地、言語應對、迎來送往」，用現在的話來說，可以總結成四個字，就是「待人接物」。連子游也承認，子夏的學生在待人接物方面沒有問題，讓人放心。

大家別小看這個看上去簡單的「待人接物」，其實它對人的要求挺高的，而且有時候，這些細節上的「待人接物」是可以改變一個人一生的。

我們再來聽個故事。

這個故事的主人公名字叫張良。他是秦朝末年、漢朝初年的人物，曾經輔佐漢高祖劉邦取得天下，立下汗馬功勞。劉邦曾經稱讚

張良的一句話，非常有名，你們可能也聽過，就是「運籌帷幄之中，決勝千里之外」。從這句話中提煉出來的「運籌帷幄」成了一個成語，一直被用來形容足智多謀、高瞻遠矚的人。而這句話，原來是形容張良的。

但張良年輕的時候，還沒有那麼大的本事。有一天，他在一座橋邊閒逛。有個老頭走到張良面前，故意把鞋子甩到橋下，然後衝著張良喊：「喂！小子，給我下去把鞋撿上來！」

張良有些莫名其妙：什麼情況啊？你丟鞋下去，叫我幫你撿上來？張良很想揍那個老頭一頓，但轉念一想，看在他年紀大的分上，還是下去撿了鞋。

鞋子撿上來以後，還沒完，老頭又伸出腳說：「來！給我穿上！」

張良本來想發火，但想了想：撿都撿了，就幫他穿吧。於是，他就跪下替老頭穿上鞋。穿上鞋，老頭笑著離開了。張良想來想去，覺得這老頭不簡單，就跟上去，一直跟著走了一里多路。這時

候，老頭忽然回過頭說：「孺子可教！」

請注意，這「孺子可教」也是個成語，出處就在這裡，意思是：好孩子，有出息，有前途，可以造就。

這個老頭對張良說了一句「孺子可教」，然後就對他說：「五天以後，天亮的時候，我們老地方見！」五天後，張良當然天一亮就到了老地方。可老頭早就在那裡了，生氣地對張良說：「和老人家約會，還讓老人家等你，這是什麼道理呢？」

說完他轉身就走，還丟下一句話：「再過五天，早點來！」

過了五天，這回天還沒亮，公雞一叫，張良就到了。一看，老頭又已經到了，說：「又來晚了，唉！現在的年輕人啊！」說完老頭轉身就走，一邊走一邊說：「五天以後，再給你個機會！」

就這樣又過了五天，這回張良半夜就趕到老地方，等了一會，老頭也來了，這回老頭說：「對嘛，這才是懂事的好孩子。你不知道老年人醒得早嗎？」

然後，老頭送給張良一本書。書的名字叫《太公兵法》。老頭說：「回去好好研究，十年以後你就可以縱橫天下了。」

於是，張良回去就研讀《太公兵法》。接下來的故事，當然就是十年以後，張良幫助劉邦

「運籌帷幄之中，決勝千里之外」了。

這個故事出自我們講過的《史記》，大家要是感興趣，可以自己找來讀。你看，張良就是用非常禮貌的「待人接物」，最終得到老人的賞識，甚至還得到了像武林祕笈一樣的《太公兵法》。

說到這裡，可能有些人會有點不服氣：這個故事有點像雞湯啊！因為張良這件事，完全是機率很小的事件！哦，你尊老愛幼、講禮貌、注意細節，就正好能碰到個老頭，而且還正好有《太公兵法》傳授你？

這個問題提得有道理。不過，我們可以看看北宋的著名文學家蘇軾，就是蘇東坡，看他是怎麼說的。他認為，在這個故事裡，《太公兵法》並不是重點。

蘇軾寫過一篇《留侯論》，「留侯」指的就是張良，因為張良在幫劉邦取得天下後，被封為「留侯」。蘇軾在這篇文章裡認為，那位老人的主要目的其實是考驗、教育張良。張良在少年時代做過一件驚天動地的事，就是訓練刺客，去刺殺秦始皇。後來刺殺沒有成功，張良自己也逃走了。

按照蘇軾的說法，那位老人是在替張良感到惋惜，認為少年人應該有更大的抱負，做事情從長計議，不應該為了逞一時之快就犧牲自己的性命。所以，老人貌似刁難張良、故意找碴，實際上是要透過待人接物的反應來看一看這個少年，在經歷挫折又死裡逃生之後，性格有沒有磨練得穩重一點，是不是變得比較有耐心，遇到事情能不能鎮靜下來從長計議。

張良最終通過老人家的重重考驗，所以先得到了「孺子可教」的評價，又得到《太公兵法》這件禮物。

蘇軾認為，張良關鍵是在待人接物的小節中，學會了冷靜應對、保持耐心，並虛心改進自己的行為，這對他後來擁有面對千軍萬馬從容不迫、運籌帷幄的態度，打下了堅實的基礎。

所以，透過張良這個故事可以看到，待人接物這樣的「小節」其實包含著非常重大的內容，可以磨練一個人的性格、胸襟。也就是說，「小處著手」其實是「大處著眼」的基礎。

前面我們主要講了「小處著手」，說了待人接物的重要性。我們知道待人接物也包含非常高明的內容，能磨練一個人的性格、胸襟，是一個人成長、發展的潛力所在。所以說，「小處著手」已經包含了「大處著眼」。

現在，我們再來說說「大處著眼」。

「大處著眼」的一個重要含義，就是做事情首先要找到正確的方向。如果大方向錯了，你就算小處著手、腳踏實地，一步一個腳印地累積，也會距離目標越來越遠。就像一個成語說的那樣——「南轅北轍」。

這個成語說的就是有一個人想去南方，卻一路駕駛著車子往北方走，這就是沒有找對努力的方向！或許有人會說：地球是圓的嘛，一路往北走，總有一天會繞回來，到達他想要的地方。好吧，你說的也沒錯。但一件你花一分鐘就可以做完的事，你願意花上一年去完成嗎？肯定不願意，對不對？

所以說，有了正確的方向，就可以把屬於你的能量、優勢聚焦起來。這樣一來，面對風雲變幻的外在環境，不管細節怎樣變化，你都能夠擁有自己的主張和堅持。這就叫作「立志」。

說到立志，《論語》中有孔子一句非常著名的話：

子曰：「三軍可奪帥也，匹夫不可奪志也。」

這句話我們現在一般說成「三軍可奪帥，匹夫不可奪志」。

「三軍」是軍隊的統稱。「奪」就是「奪走」的意思，用在「統帥」上面，可以說把統帥換掉，也可以說把統帥幹掉。「匹夫」倒也不是罵人的意思，在這裡就指單獨的一個人。這句話用現代語翻譯出來，大致是這樣的：

「一支軍隊中的統帥可以被換掉，也可以被幹掉；可是一個人要是立了志，任何力量都無法阻止他的堅持。」

前半句講的是現實：收拾一支軍隊的統帥，這樣的事情在歷史上太常見了，尤其是當這支軍隊和統帥不是一條心的時候。所以說，確定共同方向、聚焦優勢能量，具有生死攸關的重要性。而後半句呢，說的是理想：對於一個已經「立志」的人來說，他的堅持是堅不可摧的。

大家請注意，「匹夫不可奪志」和一根筋、固執己見是有本質上的區別。「立志」首先需要具備找到正確方向的眼光，也就是判斷力——這屬於「大處著眼」；然後呢，一步一個腳印地在自己選定的方向上堅持下去，這裡面包含了「小處著手」。

「三軍可奪帥也，匹夫不可奪志也」這句話說出來，好像感覺很熱血，豪情滿懷，但實際做起來的話，倒未必需要多麼驚天動地的豪邁壯舉。一個人的眼光和堅持可以不經意地表現在日常的選擇

和行動中，遇到合適的歷史時機，一點一滴的累積或許就會給你造就改天換地的機會，正所謂「心事浩茫連廣宇，於無聲處聽驚雷」。

好了，再來說一個故事吧。

這位主人公和張良一樣，也是秦末漢初的人物，而且還是張良的同僚，他的名字叫蕭何。你可能知道一個典故——「蕭何追韓信」，沒錯，他就是追韓信的那個蕭何。蕭何和漢高祖劉邦是老鄉，都是沛縣人，就是現在的江蘇省徐州市。

話說當時的蕭何，因為通曉秦朝的法律、執法公平，被任命為沛縣的縣吏，相當於現在的基層公務員。

這個開端看起來平平無奇，但是我請大家來仔細想想：秦朝從統一天下到滅亡，一共只有短短的十幾年。而這位蕭何的家鄉沛縣，在秦國統一天下前，屬於戰國時代的楚國。也就是說，蕭何在少年時候是楚國人，學習的是楚國的語言文字。而秦統一天下之後，青年蕭何迅速掌握了秦的語言文字，並通曉了秦朝制定的法律——這還是有點厲害的吧？放到今天，就像一個印度人，應該只

會印度語，但自從學了英語，還連帶掌握一整套英國的司法制度。由此可見，蕭何這個人在當時立下的志向就和普通人不一樣，他的眼光更長遠，甚至可以說是具有國際眼光，而且學習能力一流。

後來，蕭何作為縣吏，執行能力出色，在全部的同僚考核中取得了第一名。前來巡視的秦朝中央官員知道了蕭何這麼優秀，就想把蕭何提拔到中央去當幹部，可是蕭何堅決地拒絕了，繼續留在本地當縣吏。

這是為什麼呢？後來有人說，因為蕭何早就預見到秦朝會滅亡，所以不去中央摻和。我覺得這個可能性是有的，這說明蕭何對當時的大勢有自己的判斷和分析。但換個角度想，這件事也可以說明蕭何不是個好高騖遠、一心想往上爬的人。他知道自己的優勢在哪裡，強項在哪裡，在哪裡可以發揮自己最大的作用。所以不管怎麼說，在這件事上，蕭何值得我們學習的地方依然在於他的判斷眼光，他知道自己想做什麼、能做什麼，不會被一些小恩小惠所打動，這就是我們說的「大處著眼」。

接下來的事情，就是陳勝和吳廣起義，天下隨之大亂，蕭何追隨劉邦進了秦朝的首都咸陽。進城之後，將領們大多被首都這個花花世界給迷住，爭先恐後奔向儲藏金銀財寶的倉庫，要分戰利品。就連劉邦自己也一度沉迷於咸陽宮裡的美女，當然，後來被部下們給勸回來。

只有這位蕭何，直奔大內檔案館，指揮手下人把機密檔案中的律令、地圖、帳本收集起來，裝成幾大車。請問這些東西是什麼？這些東西就是今天我們說的最重要的「大數據」啊！有了這幾大車檔案資料，全國的山川險要、戶口、糧食情況就盡在掌握了。後來，劉邦和項羽爭奪天下時，蕭何就憑著這個負責鎮守關中大後方，源源不斷地為劉邦輸送士兵和糧草，為劉邦戰勝項羽、統一天下立下了不可替代的功勞。

你們看，在大家都已經迷失方向的時候，蕭何依舊是堅定的，因為他始終知道自己的志向是什麼、目標是什麼。

後來，漢高祖劉邦論功行賞時，把蕭何的功勞排在第一位。那些帶兵打仗的將領不服氣說：「我們衝鋒陷陣、攻城略地，流的是血和汗。蕭何他只靠看看帳本、舞文弄墨，就位居我們之上，這是什麼道理？」

劉邦就說：「我就問你們，你們懂得打獵嗎？打獵的時候，追趕撲殺獵物的是獵狗，能夠發現獵物蹤跡、給獵狗指引方向的是獵

人。你們說，是誰的功勞大？」

劉邦說了這番話之後，我不知道這些將領心裡服不服，反正嘴上是沒有人再敢不服了。

不知道你們覺得劉邦這番話說得怎麼樣，我覺得這番話還是相當有水準的。

有一個小故事，說一家工廠的一臺機器壞了，找了好幾個工程師都不會修。廠長急得沒辦法，最後從外地請來一個專家。專家檢查之後，發現是某個部分的一個螺絲鬆了，用一把扳手擰了幾下就好了。廠長非常高興，就問修理費要多少錢？

專家說：「要一萬元。」

廠長大吃一驚：「就擰幾下螺絲，你就要收我一萬元？」

專家慢條斯理地回答：「擰幾下螺絲，收費一元。但知道要擰哪顆螺絲，收費九千九百九十九元。」

所以，劉邦用「獵人和獵狗」的這個比喻，其實和「知道擰哪顆螺絲」的道理有異曲同工之妙，而這也是劉邦「大處著眼」的表現。

關於蕭何的故事，就先介紹到這裡。如果想要進一步了解的話，可以去讀司馬遷《史記》中的《蕭相國世家》，從蕭何的人生軌跡中體會他的眼光和堅持，還可以體會到孔子他老人家說的「匹夫不可奪志也」意味著什麼。

子游、子夏切磋學問

【原文】子游曰：「子夏之門人小子，當灑掃、應對、進退，則可矣，抑末也。本之則無，如之何？」
子夏聞之，曰：「噫！言游過矣！君子之道，孰先傳焉？孰後倦焉？譬諸草木，區以別矣。君子之道，焉可誣也？有始有卒者，其惟聖人乎！」

【出處】《論語．子張》

【釋義】子游先生說：「子夏教出來的學生啊，灑水掃地、言語應對、迎來送往，這些事情都沒問題。可惜這些都是小節，根本、高明的東西沒教好，那怎麼行呢？」
子夏先生聽了這話，回答說：「哎呀，子游的話有失公平。君子的學問，先教什麼、後教什麼，應該根據學生程度的深淺來決定。就像培育植物一樣，要區別對待。要是不問程度深淺，一概從根本、高明的東西開始教，誤人子弟，那怎麼可以呢？把小節和高明融為一體、一以貫之，只有聖人才能做到吧！」

【理解】子游和子夏兩位先生講的道理都沒錯，只是關注點不同。子游先生是「大處著眼」，而子夏先生是「小處著手」，把這兩者結合起來就是「一以貫之」——教學是如此，到社會上做事情，也是如此。

運籌帷幄

【原文】夫運籌策帷帳之中，決勝於千里之外，吾不如子房。

【出處】《史記．高祖本紀》

【釋義】運，運用；籌，算籌，引申為策劃；帷帳，軍用帳幕；千里之外，指戰場。在小小的軍帳之內做出正確的部署，能決定千里之外戰場上的勝負。

【理解】從這句話中提煉出來的「運籌帷幄」，就成了一句成語，一直被用來形容足智多謀、高瞻遠矚的人。

【典故】出自張良，他是秦末漢初的人物，曾經輔佐漢高祖劉邦取得天下，被劉邦封為「留侯」。劉邦讚美他「運籌帷幄之中，決勝千里之外」。

孺子可教

【原文】父以足受，笑而去。良殊大驚，隨目之。父去里所，復返，曰：「孺子可教矣。」

【出處】《史記．留侯世家》

【釋義】年輕人，有出息，有前途，可以造就。

【典故】少年時，張良曾經訓練殺手行刺秦始皇。刺殺沒有成功，張良僥倖逃脫。在此之後，張良遇到一位神祕老人，老人考驗張良之後傳他《太公兵法》。「孺子可教」這個成語就出自這裡。

蘇軾

字子瞻，號東坡居士，世稱蘇東坡。他是北宋時期的著名文學家、書畫家。

【成就】蘇軾在詩、詞、散文、書、畫等方面都有很高成就。他的詩題材廣闊，清新剛健，善用誇張比喻，獨具風格，與黃庭堅並稱「蘇黃」；詞開豪放一派，與辛棄疾同是豪放派代表，並稱「蘇辛」；散文著述宏富，縱橫恣肆，與歐陽修並稱「歐蘇」，為「唐宋八大家」之一。蘇軾的書法也是一絕，是「宋四家」之一；還擅長文人畫，尤擅墨竹、怪石、枯木等。

【名句】「大江東去，浪淘盡，千古風流人物。」

「但願人長久，千里共嬋娟。」

「竹杖芒鞋輕勝馬，誰怕？一蓑煙雨任平生。」

孔子談立志

【原文】子曰：「三軍可奪帥也，匹夫不可奪志也。」

【出處】《論語・子罕》

【釋義】孔子說：「一支軍隊中的統帥可以被換掉，也可以被幹掉；可是一個人要是立了志，那任何力量都無法阻止他的堅持。」

【理解】立志首先需要具備找到正確方向的眼光，也就是判斷力，這就是「大處著眼」；然後一步一個腳印地在選定的方向上堅持下去，這裡面也包含了「小處著手」。一個人的眼光和堅持可以不經意地表現在日常的選擇和行動中，遇到合適的歷史時機，一點一滴的累積或許就會給你造就改天換地的機會。

於無聲處聽驚雷

【原文】萬家墨面沒蒿萊，敢有歌吟動地哀。心事浩茫連廣宇，於無聲處聽驚雷。

【出處】魯迅《無題》（一九三四年）

【理解】心靈廣闊，和蒼茫宇宙息息相關；即便是萬籟無聲的時候，彷彿也有驚天動地的雷霆在醞釀。

第十五講

亂世操盤手

在這一講，我們還是先講一個故事。

當然，這個故事肯定和《論語》有關係，這個故事的主人公就是孔子的得意弟子：子貢。

子貢複姓端木，名賜，字子貢。大家還記得他嗎？這個子貢先生在第十講出過場，當時子貢向孔子討教學習問題，孔子說自己是「一以貫之」。你們千萬別小看子貢這個人，他其實是孔子所處時代的頂級富豪，非常會做生意。

在《論語》原文中，孔子曾這樣評價子貢：

「賜不受命，而貨殖焉，億則屢中（ㄓㄨㄥˋ）。」

什麼意思呢？就是「子貢這個人啊，能夠突破自己先天條件的限制。他做生意，預測、判斷各種貨物的行情，總是八九不離十」。

你們想，市場行情看得準，肯定是能賺錢。子貢會做生意是很有名的，現在生意場上有句話叫「端木遺風」，說的就是子貢，因為他叫端木賜，這句話就是說他創立的講誠信的做生意方式。

子貢當時多有錢呢？放到現在，應該和企業家馬雲、馬化騰同一個等級。司馬遷的《史記》裡對此是有特別記載的：孔子周遊列國，一路上的開銷，很多都是子貢的資金支援的，用今天的話說，子貢就是孔子團隊的金主。

好，我們簡單把子貢這個人介紹了一下。下面要說的這個故事，就是關於子貢在春秋末年這個亂世大舞臺上秀的一波神操作，這波神操作影響了幾大諸侯國的命運和整個天下的格局。子貢堪稱「亂世操盤手」。

在故事開講前，我還是先解釋一下「操盤手」的意思。「操盤手」是個現代名詞，指的是操作資產、經營財富的人。操盤手能夠根據市場上的各種具體變化，敏銳地把握買入和賣出資產的時機。操盤手的目標不僅是賺錢，還包括影響整個市場，來盡量駕馭未來的交易方向，這就是「操盤手」比一般「生意人」更厲害的地方。

那「資產」究竟是什麼東西呢？「資產」的內涵其實很豐富，各種能夠透過經營操作來改變它價格的東西，都算是「資產」，包括各種貨物、商品等。在春秋戰國那個亂世，甚至「國家」都可以算是資產。今天要講的子貢先生的神操作，操作的就是國家。

如果現在大家依然覺得「資產」這個概念有點抽象的話，那麼聽了下面這個故事，你們就會明白「操作資產」是怎麼一回事。

先從一個齊國大臣講起。齊國有個執政大臣叫田常，他動員軍隊，宣稱要攻打魯國。其實，田常有自己的小算盤：他想要的不是魯國，而是要在齊國獨攬大權，發兵攻打魯國，只是為了消耗齊國其他貴族的實力，為自己獨攬大權掃清障礙。

大家都知道，孔子是魯國人，魯國是他的祖國。他聽到這個消息，就把弟子們召集起來說：「現在祖國有危險了，你們誰可以出面，擺平這件事情？」

聽了這話，子路第一個拍胸脯站起來，說：「我去！」孔子說：「你坐下！」然後，又有兩個弟子自告奮勇，孔子也搖搖頭。這時，子貢站出來說：「交給我吧。」孔子說：「嗯，你可以。」

於是，子貢就到了齊國，對田常說：「聽說您要攻打魯國，這事做得不對啊！魯國可難打了：城牆簡陋，防禦設備差；君主又蠢又壞，大臣都是廢物；士兵們討厭打仗，就指望混飯吃。這您怎麼跟他們打？您該打的是吳國啊！吳國地大物博，武器先進；士兵都是百裡挑一，鬥志昂揚；大臣們也都忠於職守，這樣的國家可好打了。」

田常一聽，有點懵懂：「你這叫什麼話？魯國這叫難打？吳國這叫好打？你是來逗我玩的吧？」

子貢說：「講道理哦！想要擴張領土，應該攻打弱國；想要獨攬國內大權呢，就該攻打強國。依我所見，您想要的是後者吧。據我了解，您的同僚們現在就有好些不服您的。眼下，您要是打下魯國，齊國就更強大了，您的君主更有信心，同僚們都趾高氣揚，您自己能有多少好處呢？君主有了信心，就用不著依靠您；同僚們實力都在，就更用不著聽您的。這樣您的地位可就岌岌可危了。所以啊，您該攻打吳國。打吳國是打不贏的，這輩子都不可能打贏。這樣一來，您齊國的精兵強將紛紛死在外，您同僚們的實力都被掏空，君主除了依靠您還能依靠誰？您說是不是？」

田常感到心事被說中了。他說：「嗯……這倒沒錯。可是我已經把軍隊開到魯國邊境，現在掉頭去攻打吳國，同僚們面前我交代不過去啊。你幫我想個辦法？」

子貢說：「這好辦。您等著，我去見吳王，說服他發兵救援魯國、攻打齊國。到時候，您出兵迎戰，不就名正言順了嗎？」

田常點頭說：「有道理啊！快去快去！」

於是，子貢就跑去吳國見吳王。這位吳王啊，就是著名的吳王夫差（ㄔㄞ），我們在下文還會說到夫差的故事。

子貢對吳王說：「齊國要攻打魯國啦！吳國若想要稱王稱霸，現在就是千載難逢的大好時機啊！救援魯國，可以顯示大王您仁義；打敗齊國，您可以在中原耀武揚威。到時候，大家都會尊您為霸主，這可是實至名歸啊！」

吳王夫差說：「你的話很有道理，我深受啟發。可是我先前跟越國打過仗，越王被我打敗了，現在縮在會（ㄎㄨㄞˋ）稽那個地方，勵精圖治，顯然是想報復我。等我先把越王解決掉，再辦你說的這件事吧。」

子貢說：「哎！這就不對了！機不可失，時不再來。等您解決掉越王，魯國也就被齊國拿下了。要是您現在放過越國，可以顯示您寬宏大量；為了魯國單挑齊國，在中原諸侯面前可以表現您的勇猛無雙、仁者無敵。大家一定都對您老人家心服口服，您的雄圖霸業就成功了。至於越國呢，我去一次！我可以說服越王做您的小弟，聽您號令。」

吳王大喜，說：「好！快去快去！」

於是，子貢就又到了越國。

這位越王是誰呢？就是大名鼎鼎的越王勾踐！我們知道有個成語叫「臥薪嘗膽」，越王勾踐就是這個成語的主角。

話說子貢見到了越王勾踐，就對他說：「前些日子，我去說服吳王救援魯國、單挑齊國，吳王被我說動了。但是他心裡惦記著您老人家，想要先消滅您再跟我走。講心裡話啊，您要是想報復吳王，就不該讓他知道；您要是不想報復吳王，就更不該讓他懷疑到您頭上。您說是不是？」

越王勾踐咬牙切齒，誠懇地說：「有話不瞞著您啊！我恨吳王恨得牙癢癢，早晚要跟他拚命。」

子貢說：「這就對了！吳王這個人驕傲專橫，大臣們忍他很久了。而且，他總在做勞民傷財的事，民怨沸騰。這樣怎麼能長久呢？但是眼下，大王您不妨投其所好，多送點寶貝給他，尊他當老大，讓他開心得暈頭，這樣他一定會去找齊國單挑。要是他敗了，您的機會就來了；即便他打贏，也沒關係，他一定會繼續耀武揚威，我可以安排晉國的軍隊收拾他。到那時候，您在背後給他一

大王，今天的前菜是苦膽刺身、涼拌苦膽、配苦膽濃湯，主菜是剁椒苦膽、爆炒苦膽，飯後甜點是苦膽冰淇淋……

刀，報仇大業就成功了。」

越王大喜，送給子貢很多財寶表示感謝。子貢推辭了，再次來到吳國。

子貢對吳王夫差說：「我向那個勾踐轉達了大王您的意思，勾踐嚇得瑟瑟發抖啊！」五天後，越國大使到了吳王面前，證明了子貢說的話，因為越國大使遞交給吳王的國書上說：「聽說大王要替天行道、扶弱鋤強，討伐暴虐的齊國，扶助被欺負的魯國，我們決定拿出全部家底三千人馬協助大王。我勾踐願意當您帳下的先鋒官，衝在最前面。」

於是，吳王放心了，就真的動員起舉國之力，發大軍討伐齊國。

而子貢呢，他還沒休息，又去了晉國。他去晉國做什麼呢？他對晉國的國君說：「眼下，齊國和吳國大戰在即。吳國要是打不贏，背後的越國肯定會趁機報復；吳國要是打贏了，它的大軍就會逼近晉國邊境。」

晉國國君有點慌，說：「那我該怎麼辦？」

子貢說：「讓您的軍隊全副武裝，嚴陣以待。」

晉國國君說「對啊，太有道理了」，於是就開始部署軍隊。

這回子貢終於完成了整個部署，回到魯國。然後，事情果然按照他的預想，一步步地發生了：

吳國和齊國的軍隊真的交戰了，齊國戰敗。接著，吳國果然進軍到晉國邊境，雙方相持，吳國吃了敗仗。越王勾踐聽說了這個情況，立即動員起舉國之力，發兵襲擊吳國後方。於是，吳王趕緊和晉國停戰結盟，在五湖和越國的軍隊大戰。結果，吳國三戰三敗，越國兵臨城下，吳王夫差最終羞憤自殺。

三年之後，越國稱霸，勾踐成了春秋時期最後一個霸主。

這個故事記錄在司馬遷的《史記．仲尼弟子列傳》中。司馬遷用這樣一句話總結子貢的這一波神操作：

「子貢一出，存魯，亂齊，破吳，強晉，而霸越。」

看完這個故事後，不知道你們是不是有這個感覺：孔子，包括他教出的這些弟子，未必是大家原來想像中的那種搖頭晃腦、只會之乎者也的書呆子，他們真的做起事情來，其實也是非常厲害的。

在這一番操作之後，整個春秋時代的局勢發展盡在子貢的謀劃之中。他不僅保護了魯國，而且讓當時的格局為之一變。

如果我們檢視子貢先生的這波操作，發現真的還蠻神奇的。整個部署的精妙之處在於，它沒有任何勉強之處，全都是順著各個國家原有的需求和策略。你們看：魯國需要保存自己，把來犯的軍隊引向別處；齊國的執政大臣田常需要消耗國內其他貴族的實力，以便自己獨攬大權；吳王夫差好大喜功，想要稱霸中原；越王勾踐需要放低姿態、隱藏實力，等待時機報復吳國；而晉國呢，需要確保邊境安全。

子貢實際上做的事情就是，把當時天下局勢的各種訊息都掌握在自己手裡，然後消化訊息，對各國的需求和策略做出自己的判斷，最後在一個整體部署中，把種種訊息和判斷貫穿在一起，從一個局部開始，環環相扣地讓自己的影響波及全局。從這個角度說，子貢其實是貫徹了孔子教導他的「一以貫之」。

說到「一以貫之」，不妨再回憶一下。當初我們說，每個人的生命中都有一條神奇的線索。

就拿《論語》來說吧。當年我在讀大學的時候，就覺得有點精妙，但還沒覺得非常特別。等到我踏入社會、接觸了各種人和各種事之後，回憶起年輕時讀過《論語》中的一些道理，會恍然大悟地發現：啊，原來《論語》中說的這些道理，已經在不知不覺中融入我的生命，影響我的人生，甚至已經幫助我化解了某個難解的局面，在不經意間支撐我度過難關。

又例如我們踢足球、打籃球，並不是一直上場比賽，我們平時也需要練習各種基本動作；再例如下圍棋，除了實戰，我們平時還得做很多「死活題」。這些都是基本訓練，和實戰相比，雖然基本訓練的過程不是那麼刺激，有時候或許還會讓人覺得枯燥，但是當你在實戰中憑本能反應就做出漂亮的動作並取得成果、贏得歡呼的時候，回想起當初的學習和訓練，是不是別有一番滋味在心頭？

其實，這些事情都有前因後果，都是有關聯的。

回到這個「亂世操盤手」的故事。不知子貢在國與國之間奔走的時候，在施展各種騰挪手段的時候，是否會回想起當年向孔子他老人家請教學習方法的那一刻，回想起當年老師說出「一以貫之」時的音容笑貌，以及自己有所領悟時身心感受到的震撼和愉悅。

子貢的這套「亂世操盤」謀略，並不是他一出生就會的。他一生崇拜孔子，從孔子那裡學會很多有用的知識和技能。孔子並非專門教子貢去遊說各國的君主，但他教的東西被子貢一點一點串聯起來。而且，很重要的一點是，子貢向孔子學習的初衷，以及孔子教他的初衷，是希望他掌握本領後，能做對社會、對天下有用的事。

說到這裡，我們就要提到一個詞：初心。

「初心」這個詞的含義，就是一個人做某件事最初的願望、最初的原因。隨著時間的流逝，人們做某件事的初心也漸漸逝去。所以，我們有句話叫「不忘初心，方得始終」。「初心」，也可以說是「一以貫之」那條神奇的線索的起點。

接下來，我們要說一個關於「初心」的故事，它其實是剛才講的故事的番外篇——那個倒楣的吳王夫差最後的日子。這個故事出自一本名叫《左傳》的古書。

話說吳王夫差和晉國交戰的時候，聽到消息說越王勾踐襲擊他的大後方。夫差只好趕緊和晉國休戰，趕回來和越國的軍隊決戰。結果，吳國的軍隊三戰三敗。最後，吳王夫差和他的人馬被越國軍隊圍困，處境十分危急。

這個時候，晉國有個大臣叫趙無恤，就很為吳王夫差感到擔憂。他對自己一個叫楚隆的家臣說：「當初我的父親趙簡子曾代表我們家族發誓，和吳王夫差有福同享、有難同當。現在吳王被越國軍隊包圍，我身為繼承人不想廢棄過去的盟誓，想幫助吳王，可是目前缺乏實力。所以，我只好減少自己的飲食，對吳王表達一下心

意了。」

這裡插一句話，我們有時候說，春秋時代的貴族之間多少還講點信義，這就算一個例子。晉國大臣趙簡子當年和吳王夫差屬於敵對雙方，卻不打不相識，交戰之後彼此產生惺惺相惜的感情。休戰結盟，趙簡子是真誠對待，就連他的兒子趙無恤也依然承認當年的誓約以及父親和對手的友誼。由此可見，吳王夫差在歷史上雖然以失敗者的面目出現，是「臥薪嘗膽」這個故事中被打敗的一方，但他作為曾經的「春秋五霸」之一，也是有點人格魅力的。

那個家臣楚隆聽了趙無恤的話，就說：「那麼，您願意讓吳王知道您的心意嗎？」趙無恤說：「這辦得到嗎？」楚隆說：「我試試看吧。」

於是，楚隆就千里迢迢來到越軍包圍吳國軍隊的地方，對越王勾踐說：「吳國實在不像話，冒犯你們越國多少次了。如今他們被你們英明神武的越軍圍困，真是大快人心。我也想看看吳王最後的下場。所以，請放我進去吧。」越王勾踐就放楚隆進去了。

楚隆見到吳王夫差，說：「我代表晉國的大臣趙無恤向您致意，並表示遺憾。當年我們曾經和您一起發誓『有福同享，有難同當』。如今您身陷危難，我們卻沒有實力來和您分擔。」夫差說：「是我的能力太小，自己把事情搞砸了，害得你們擔心。」說著，夫差取出一盒珍珠，讓楚隆轉交給趙無恤，表示問候。

夫差又說：「勾踐這次是不可能放過我了。像我這種處境的人，往往會強顏歡笑。悲傷的事情不用談了，來，咱們談談歷史吧。我問你，你們晉國有一位史黯先生，他為什麼被稱為君子呢？」

楚隆回答說：「這位史黯先生，身居高位的時候不會盛氣凌人，身處低位的時候也沒有人敢欺凌、傷害他。」吳王夫差說：「嗯，很好，不卑不亢，果然是一位君子啊。」

而這句話，就是吳王夫差人生最後的日子在史書上留下的痕跡。是不是也挺悲壯的？

夫差面對絕境，沒有害怕，沒有哭泣，也沒有埋怨這埋怨那，反而和老朋友派來的使者討論起「什麼是君子」這個問題，有那麼點「一壺濁酒喜相逢，古今多少事，都付笑談中」的意思。

我們前面說過，子貢對越王勾踐說，吳王夫差這個人好大喜功、驕橫自大，但你們看，吳王夫差到了最後的日子，其實也知道「不卑不亢，寵辱不驚」才算是君子之風。可見，他最初肯定也是

這樣的，不然怎麼能坐上春秋霸主的位置呢？但是說到底，夫差在成為霸主之後，忘記了初心。

如果他能時時記得從歷史經驗中學習並汲取教訓，他的結局會不會不同呢？只可惜，歷史的發展是沒有「如果」的。

那麼，有沒有人能夠在整個人生中經常保持「不忘初心」？當然有，例如我們介紹的孔子。

請大家回憶一下第二講，孔子評價自己的話是怎麼說的？「發憤忘食，樂以忘憂，不知老之將至云爾。」這就是「不忘初心」的狀態。吳王夫差在臨終那一瞬間「不知老之將至」，就已經如此讓人感慨，這位經常「不知老之將至」的孔子，該是一位多麼富有魅力的人啊！

由此可以理解，子貢這種見過許多大場面的頂級富豪，為什麼願意在孔子去世後甘願為老師守墓六年。

最後，我們再來欣賞一段《論語》原文，來看看子貢是如何讚美自己的老師。

其實在那個時候，子貢也有些忠實粉絲。粉絲說：子貢比孔子還要厲害。子貢聽了很生氣，打了這樣一個比方：

「譬之宮牆，賜之牆也及肩，窺見室家之好。夫子之牆數仞，不得其門而入，不見宗廟之美、百官之富。得其門者或寡矣。夫子之雲，不亦宜乎！」

這段話其實用了比喻的手法，非常生動，意思就是：

「就拿宮牆來打比方吧，我的牆只有肩膀這麼高，屋裡有點什麼好東西，從外面看就一目瞭然。孔子的宮牆比我不知道高到哪裡去了。倘若不從門進去，根本看不見裡面有多麼深邃淵博。一般人連門都找不著，所以難怪您會這麼說啦。」

可見，子貢也是一位「不忘初心」的人。這不僅意味著他銘記師恩，更意味著他永不自滿、讓心靈保持開放。

因為，學無止境。

吳王夫差的故事，還是挺讓人感慨的。在下一講，我們還會順著吳王夫差的故事往下講。

子貢

複姓端木，名賜，字子貢。是孔子門徒中最出色的人之一，也是當時的頂級富豪，還擔任過衛國和魯國的宰相。

孔子曾這樣評價子貢：「賜不受命，而貨殖焉，億則屢中。」意思就是，「子貢這個人啊，能夠突破自己先天條件的限制。他做生意，預測、判斷各種貨物的行情，總是八九不離十。」

孔子逝世後，子貢非常悲痛，一個人在孔子墓前居住了六年，為他守墓，是非常重感情的人。

子貢會做生意是很有名的，現在生意場上有句話叫「端木遺風」，說的就是子貢，因為他姓端木，這句話是說他創立講誠信的做生意方式。

臥薪嘗膽

【原文】越王勾踐返國，乃苦身焦思，置膽於坐，坐臥即仰膽，飲食亦嘗膽也。

【出處】《史記．越王勾踐世家》

【釋義】原文中只有「嘗膽」，而「臥薪」是後人增補上去的想像，就是睡在稻草堆上。「臥薪嘗膽」這個成語的意思就是，一個人忍辱負重，發憤圖強，最終苦盡甘來。

【典故】越王勾踐當年敗給吳國後，每天睡在稻草堆上，還在屋裡掛一枚苦膽，經常嘗一嘗。這樣故意讓自己受苦，為的是不忘記失敗的恥辱，發憤圖強，有朝一日苦盡甘來，一雪前恥。

春秋五霸

春秋時期參與爭霸的最具代表性的五位諸侯。

各種史書中出現過多種說法，按照取得公認的數量統計，排名第一的是齊桓公，第二是晉文公，這兩人是完全沒爭議的。排在第三的是秦穆公，第四是楚莊王，第五位則有宋襄公、吳王闔閭、吳王夫差、越王勾踐等不同人選。歷史教科書主要介紹兩種最具代表的說法：一是《史記索隱》中提出的齊桓公、晉文公、秦穆公、楚莊王、宋襄公；二是《荀子．王霸》提出的齊桓公、晉文公、楚莊王、吳王闔閭、越王勾踐。

不忘初心

「初心」，就是一個人做某件事最初的願望、最初的原因。隨著時間的流逝，人們做某件事的初心也漸漸逝去。所以，我們有句話叫「不忘初心，方得始終」。

第十六講

世間有沒有讀心術

我們回過頭來看一下，從子貢保護魯國不受齊國的侵略開始，引發連鎖反應，齊國和吳國、吳國和晉國都相繼展開大戰，然後越王勾踐趁機襲擊吳國後方，最終逼死吳王、完成復仇、越國稱霸。在這一連串反應裡最倒楣的一個國家是誰？沒錯，就是吳國。

說起來，吳國可真是被子貢這波神操作給害慘了。但是呢，能全怪子貢嗎？我們前文講過，子貢完全是順著各個國家的心思，吳王本來就野心勃勃想稱霸中原啊，而且是吳王自己輕信了越王勾踐故意做出的姿態，沒有及時解決這個心腹之患。

由此可見，看穿人心，洞察人性，不被表面的語言、行為矇蔽和欺騙，很重要。

問題來了，雖然道理我們都明白，但我們常聽人說「人心隔肚皮」，我們怎麼知道人家心裡在想什麼呢？關於這一點，孔子有自己的想法。他認為：只要運用正確的觀察方法，人心的真實狀態就會明明白白地呈現在你的眼前，無處可藏。

有人可能就要說了：不可能啊，難道孔子會「讀心術」？其實觀察人心並沒有那麼神祕，這種觀察人的方法是我們每個人都可以學會的。

先來看看《論語》中的這段原文吧。

子曰：「視其所以，觀其所由，察其所安，人焉廋（ㄙㄡ）哉？人焉廋哉？」

在這段話中，「視」、「觀」、「察」這三個字的意思都是觀看、觀察，只是一步比一步全面、深入。

「視」就是從表面、局部看，「觀」就是看到內在和全局，而「察」呢，就是仔細地察看。「所以」，就是做事情採取的具體手段，簡單地說，就是如何做事；「所由」，就是做事情的動機，為什麼這樣做；「所安」，就是做事情時候的心態，是樂意的還是勉強的，甚至痛苦的呢。「廋」就是隱藏的意思。「人焉廋哉？」意思就是說，人將如何隱藏自己呢？人心怎麼藏得住？

這段《論語》原文，可以這樣翻譯：

孔子說：「看看他如何做事，觀察他為什麼這樣做，再察看一下他這樣做的心態如何，是樂意的還是勉強，甚至是痛苦的，這樣一來，人心怎麼藏得住？人心怎麼藏得住？」最後一句孔子連說兩遍，可見他是強烈認同這個觀點。

那麼，這種方法真的有用嗎？

接下來，我們講一個故事，先來看看「視其所以」和「觀其所由」到底是怎麼運用的。這個故事可能有的人也知道，就是「鄒忌諷齊王納諫（ㄐㄧㄢˋ）」，出自一本叫《戰國策》的古書。「諷」在這裡的意思就是用含蓄的話指責或勸告，「納諫」就是接受別人提的意見。

故事發生在戰國時代的齊國。齊國的相國鄒忌先生是一位大帥哥，身高一八〇，長得光彩照人。有一天早晨，他穿戴好衣帽，照著鏡子對妻子說：「老婆，你說，我和城北的徐公比，誰長得更美？」妻子說：「您美極了，徐公怎麼比得上您呢！」

這個城北的徐公是誰呢？他是齊國著名的美男子。聽了自己妻子的話，鄒忌心裡不是很有把握，於是又問他的小妾：「我和徐公相比，誰更美？」小妾說：「徐公哪裡能跟您比啊！」鄒忌聽了後，還是不太確定。第二天，正好有客人來拜訪，鄒忌和客人談著談著，又說起這個話題：「你說，我和徐公相比，究竟誰更美啊？」客人說：「相信我，徐公跟您沒法比！」

又過了一天，徐公本人到鄒忌家裡拜訪。鄒忌抓住機會近距離把徐公看了個仔細，覺得徐公比自己美多了。徐公走後，鄒忌先生再照照鏡子，更覺得自己遠遠比不上人家。晚上，他躺在床上仔細想了一下這件事，恍然大悟，終於想明白：

「我妻子為什麼說我美呢？因為她偏愛我。我的小妾為什麼說我美呢？因為她害怕我。至於客人為什麼說我美，那是因為他有求於我啊！」

你們看，故事中的鄒忌先生向妻子、小妾和客人提問，得到的回答就是這三位在表面上的反應，這些反應鄒忌只要看到就知道了，就是「視其所以」。他躺在床上自己反思，仔細想這三位為什麼要做出這樣的反應，他們的內心動機是什麼，那就是「觀其所由」了。

所以，他得出表面反應背後的真實原因是他們分別偏愛自己、害怕自己、有求於自己。從「視其所以」到「觀其所由」，鄒忌先生對人心的理解就深入了一步。

這故事還沒結束。

鄒忌先生領悟了這個道理以後，就上朝拜見齊威王，說：「我知道自己確實不如徐公美。可是我的妻子偏愛我，我的小妾害怕我，我的客人有求於我，所以他們都對我隱瞞真相，說我比徐公美。如今的齊國啊，土地方圓千里，有一百二十座城池，宮裡的姬妾和您身邊的近臣沒有不偏愛大王的，朝廷中的大臣沒有不害怕大王的，國內的百姓沒有不對大王有所求的。由此看來，大王所受的隱瞞、矇蔽一定是很厲害了。」

齊威王說：「說得真好！」於是，他下了一道命令：「所有的大臣、官吏、百姓，能夠當面批評我的過錯的，可以得到上等獎賞；能夠上書勸諫我的，可以得中等獎賞；能夠在眾人集聚的公共場所指責、議論我的過失，並能傳到我耳朵裡的，可以得下等獎賞。」政令剛一下達，所有大臣都來進言提意見，齊國宮門庭院就像集市一樣熱鬧。幾個月以後，偶爾還有人來進言。一年以後，即使有人想進言，也沒有什麼可說的了。

燕、趙、韓、魏等國聽說這件事，都覺得齊國很了不起，紛紛派大使來朝見齊國。於是，齊國不費一兵一卒，以德服人，靠開明的朝政就讓鄰國心服口服。

大家看，從鄒忌的妻子、小妾、客人，到齊威王的妃子、大臣、百姓，其實他們內心究竟是怎麼想的，誰都不知道。所以，光「視其所以」還不夠，還需要「觀其所由」，兩者結合起來，往往就能發現或者接近事情的真相了。這也是這個故事告訴我們的道理之

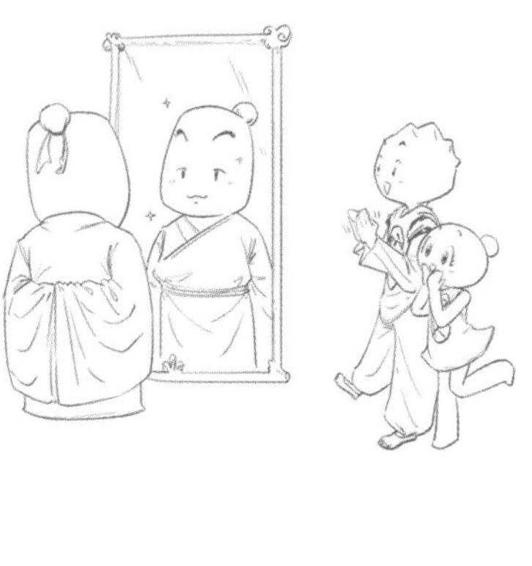

一。

所以，世界上從來就不存在什麼「讀心術」，但如果你仔細觀察，再加上客觀的分析，有時候是真的可以知道很多人心中究竟在想什麼。

當然，「視其所以」是第一步，「觀其所由」是第二步，最高境界還要「察其所安」。

怎樣「察其所安」呢？

察其所安，這個步驟可能是最難的，為什麼呢？因為要了解一個人做這件事是樂意的還是勉強的，甚至是痛苦的，光表面上看看或者隨便想想，肯定不夠。

舉個例子。

大家還記得前面講的子貢說服吳王放鬆對越王的警惕的故事吧？

我們來一起回憶一下：越王勾踐派大使給吳王下國書，宣稱要拿出全部家底協助吳王討伐齊國；勾踐還表示，願意做吳王帳下的先鋒官，身披盔甲、手握長槍，頂著對方的利箭、巨石，衝鋒在最前線。

然後呢？然後吳王就相信了。

你說吳王沒有視其所以嗎？他當然視了，越國大使把信都送來了。那他沒有觀其所由嗎？肯定也觀了，他分析後得出的結論就是：越王打不過我，害怕我。

但是，他缺了第三步，就是「察其所安」：越王勾踐這麼做，他的心態到底如何？是樂意的還是勉強的，甚至是痛苦的呢？

之前說過一個成語，叫「臥薪嘗膽」。這個成語說的是越王勾踐自從敗給吳國後，每天睡在稻草堆上，還在屋裡掛一枚苦膽，經常嘗一嘗。由此可見，勾踐在吳王面前卑躬屈膝，做出很順從的樣子，肯定是嘴上笑嘻嘻、心裡苦兮兮。而且，越王的心態不光是勉強的，還是痛苦的，而且還痛得刻骨銘心，時刻提醒自己要發憤圖強，有朝一日一雪前恥。

吳王如果能深刻體會越王的心態，還會放心留這個心腹大患在自己的後方嗎？

可能又有人要說：哦，我們今天知道越王勾踐當時在「臥薪嘗膽」，可當時的吳王怎麼能知道？他又沒有在越王的房間裡裝攝影機。說得也沒錯，但是我們說的「察其所安」這一招，倒也不一定需要攝影機。

大家還記得嗎？之前講過孔子的另一條著名語錄，就是那八個

字，我們反覆提到過：「己所不欲，勿施於人。」

它的意思就是：如果你不希望被別人這樣對待，你也不要這樣對待別人。當時吳王如果知道這句話，也能將心比心、換位思考一下的話，恐怕就會做出不一樣的抉擇了。

如果吳王能夠換位思考，把自己放到越王勾踐的位置去想一下：像這樣對自己的仇敵卑躬屈膝、伏低做小，我的心態會如何？難道我會樂意嗎？如果我明明心裡不可能樂意，還要勉強自己這麼做，肯定有其他什麼目的。即便沒什麼目的，只是為了活命而委屈自己，那麼當看到仇敵露出破綻的時候，我難道不會抓住機會狠狠給他一刀嗎？

所以，只要能真正做到將心比心、換位思考，吳王不用在越王勾踐房間裡裝攝影機，也能夠「察其所安」，也足以發現他在自己的大後方留下一顆多麼可怕的定時炸彈。

當然，我要強調的一點是：孔子說，人心是可以看透的，並不是鼓勵我們去疑神疑鬼地揣測人心，而是說，只要我們學會將心比心、換位思考，就可以懷著同情理解他人，甚至和他人心靈相通。

看透人心，為的是什麼呢？並不是為了操縱人心、給自己謀利益，而是為了敞開心扉，少受他人的隱瞞、矇蔽，盡量摒棄自己的偏見，更全面、更客觀地看待整個世界。能夠做到這一點的人，就是強大的人。

敞開心扉，不帶偏見，全面客觀地看待人和世界，這個道理說說容易，做起來可並不簡單。別說其他人，就連孔子也在這方面犯過錯誤。

有一位孔門弟子，複姓澹（ㄊㄢˊ）臺，名滅明，字子羽。這位澹臺滅明先生，長得不太好看，所以他剛拜到孔子門下的時候，孔子見他相貌醜陋，就對他評價不高。

有一天，孔子就問他的另一個學生子游：「最近你有沒有發現什麼厲害的人才？」子游說：「澹臺滅明就是個人才啊！他做事情從不走捷徑，不為公事就不會到我屋裡來。」

子游當時是一個叫武城的地方長官，也是澹臺滅明的主管。子游這句評價，在《論語》中的原文是這樣的：

「有澹臺滅明者，行不由徑。非公事，未嘗至於偃之室也。」

在這裡，「徑」的意思是小路、捷徑。做事情不走捷徑，就是做事踏實、可靠，可見這樣的人為人堂堂正正、讓人放心。

「未嘗」，意思是從來沒有；「至」，意思就是到。不為公事不

到我言偃的屋裡來，意思是澹臺滅明一心為公，從不走後門、諂媚主管。可見他真是一位光明磊落的人。

孔子聽了這話，立刻就對澹臺滅明刮目相看了。

後來，澹臺滅明南下遊歷到長江流域，追隨他的弟子有三百人。澹臺滅明立身處世都令人心悅誠服，沒多久，他的好名聲傳遍了全國。

聽到這些事後，孔子感慨地說：「以貌取人，差點讓我錯過了子羽這位大好人才啊！」

所以你看，孔子也會犯這類錯誤，他連第一步「視其所以」，就是看一個人做了什麼事都還沒做到，就先下了一個判斷。當然，孔子犯了錯就大大方方地承認，這點值得我們學習。

人焉廋哉

【原文】子曰：「視其所以，觀其所由，察其所安，人焉（ㄙㄡ）哉？人焉哉？」

【出處】《論語．為政》

【釋義】孔子說：「看看他如何做事，觀察他為什麼這樣做，再察看一下他這樣做的心態如何，是樂意還是勉強，甚至是痛苦的，這樣一來，人心怎麼藏得住？人心怎麼藏得住？」

【理解】有時候，一個人做的事並不能真實反應出這個人，還需要進一步思考他為什麼這麼做，以及要察看他這麼做的心態。世界上從來不存在什麼讀心術，但如果透過仔細觀察，再加上客觀分析，有時候是真的可以知道很多人心中究竟在想什麼。

但觀察人心，為的不是操縱人心、給自己謀利益，而是為了敞開心扉，少受他人的隱瞞、矇蔽，盡量地摒棄自己的偏見，更全面、更客觀地看待整個世界。能夠做到這一點的人，就是強大的人。

《戰國策》

國別體史書，是中國古代的史學名著，記錄了從戰國初期到秦國滅六國統一天下這段過程中二百四十多年的歷史。漢朝劉向編訂，但此書的原作者不詳。

主要記述了戰國時期縱橫家（遊說之士）的政治主張和策略，展現出戰國時代的歷史特點和社會風貌。儘管書中一些史實和思想都有點爭議，但依舊不失為一部研究戰國史的重要典籍。

磊落的澹臺滅明

【原文】子游為武城宰。子曰：「女得人焉爾乎？」曰：「有澹臺滅明者，行不由徑。非公事，未嘗至於偃之室也。」

【出處】《論語．雍也》

【釋義】子游說：「澹臺滅明就是個人才啊！他做事情從不走捷徑，不為公事就不會到我屋裡來。」

【理解】澹臺滅明做事不走捷徑，也不溜鬚拍馬，堂堂正正，為人光明磊落，令人心悅誠服。

第十七講

孔門弦歌：登堂入室

這一講，我們要來說說孔子和他的弟子們有關「音樂」的一些事情。

說起「音樂」，想先和大家說一個真實的故事。

這個故事離現在不遠，就發生在第二次世界大戰期間。我們知道，第二次世界大戰是七十多年前的事情。那是在第二次世界大戰的史達林格勒戰役期間。史達林格勒戰役是整個二戰乃至整個人類近代史上最慘烈的戰役之一，德國和蘇聯這兩個國家各自都投入了幾百萬軍隊，雙方軍隊的傷亡加起來有二百萬，這是一個非常驚人的數字。

故事發生的具體時間是一九四二年十二月三十一日，正好是新年的前夜，也是史達林格勒戰況最慘烈的時刻。這一天，蘇聯的演員和音樂演奏家來到這個被重重包圍的城市，給軍隊做慰問演出。一位小提琴演奏家來到戰壕為士兵們表演獨奏，一曲終了，戰壕裡一片寂靜，大家都沉浸在美妙的音樂中。忽然，不遠處的德軍戰壕裡傳來一句不太熟練的俄語，這句俄語是用喇叭傳送過來的：「請再演奏一些巴哈的曲子吧，我們不會開槍的。」

熟悉西方音樂史的人應該知道，巴哈是德國著名的音樂家，被尊稱為「西方近代音樂之父」。於是，蘇聯的音樂家就拿起樂器，一首巴哈的曲子開始迴盪在戰場的上空。

為什麼要講這個故事呢？其實就是想告訴大家，音樂有這樣的魅力，甚至能夠讓殘酷戰場上的敵對雙方暫時停止戰鬥，一起駐足聆聽同一首美妙的樂曲。在第一次世界大戰期間，英國軍隊和德國軍隊是交戰雙方，他們在聖誕節那天，還爬出各自的戰壕，一起踢一場足球比賽，可見體育也有這樣的魅力。

有人說，音樂是人類共同的語言。這句話其實有點道理。無論是西方人還是東方人，古代人還是現代人，大家對音樂的很多理解都是共通的。

所以今天，我們就要講幾個《論語》裡的故事，看看孔子和他的弟子們，平時是怎樣演奏音樂、談論音樂。

下面講第一個故事。首先出場的是子路。大家還記得他嗎？之前我們講過，子路是孔子的高徒。

有一天，子路在孔子的屋裡演奏「瑟」（ㄙㄜˋ）這種樂器。瑟是一種撥弦樂器，樣子有點像古箏。現在的瑟是二十五根弦，而最早的瑟有五十根弦，唐朝詩人李商隱有一首著名的詩叫〈錦瑟〉，第一句就是「錦瑟無端五十弦，一弦一柱思華年」。這句唐詩說的就是這種古老的「瑟」。

我們都知道，子路這個人性格剛猛，所以他彈起瑟來是節奏激昂、鏗鏘有力、殺氣騰騰，有點像現在的重金屬搖滾。然而，當時公認瑟的彈法並不是這樣的。一天，孔子聽到這樣的演奏，實在聽不下去，就說了一句：

「由之瑟，奚為於丘之門？」

就是說：「仲由演奏的音樂，怎麼出現在我孔丘屋裡呢？」

這句話是什麼意思？潛臺詞就是：「這種音樂怎麼可以出現在這裡呢？不合適啊！」

其實，這和孔子對音樂的愛好和看法有關。對孔子和他的弟子們來說，演奏音樂、欣賞音樂是「學道」的途徑之一。換句話說，做音樂也是在修煉內心、提高修養。子路演奏的音樂讓人聽了熱血沸騰，很帶勁，卻無法讓人靜心。而且，孔子認為瑟不是這麼彈的，就好比重金屬搖滾當然也有自己的風格和意義，但如果用一把

小提琴去演奏，就不合適了。

說實話，孔子的這句話有點批評的意思，讓人覺得好像是子路沒資格在孔子的屋裡演奏。老師這麼一說，其他同學也有點看不起子路。不過，孔子馬上幫子路打圓場，他說：

「由也升堂矣，未入於室也。」

「升堂」的意思是走進客廳，而「入於室」就是走進裡屋。這句話的意思是說：「仲由的水準啊，已經進到客廳了。雖然還沒有進到裡屋，但也算比較厲害了，大家不可以小看他！」

我們都知道，有個成語叫「登堂入室」，出處就在這裡。

「登堂入室」的意思就是一個人的學問、技藝、修養由淺入深，循序漸進，水準越來越高，就好比是先走進客廳，然後又進到裡屋——大家想一下，無論是你家，還是你去過的別人家，進入大門後，肯定先看到的是客廳，然後才會是臥室或者書房之類的房間吧？

當然，我們都知道子路為人正直、見義勇為，這是難得的優

點。他演奏的音樂能夠鼓舞人奮發向上，也是有一定水準。但是學無止境，孔子在肯定、尊重他的同時，也在提醒他不要忘記還有繼續進步的空間。

接下來，我們說第二個故事。在第二個故事中出場的，就是上一講說過的子游先生，即言偃。《論語》中有這樣一段：

子之武城，聞弦歌之聲。夫子莞（ㄨㄢˇ）爾而笑曰：「割雞焉用牛刀？」

這裡面，「子」就是孔子，「之」就是去的意思，武城是上一講說過的，子游在武城當地方長官。這個「莞爾」，就是眉開眼笑的樣子，「莞爾一笑」這個成語，說的就是這個。而「割雞焉用牛刀」應該也很熟悉，是我們現在用的成語，只不過現在更常說的是「殺雞焉用牛刀」。這個成語一般指辦小事用不著費大力氣，不用小題大做。

這句話合起來的意思就是：孔子去武城，聽到有彈琴唱歌的聲音，就笑說：子游，你治理一個小縣城，還需要教導大家彈琴唱歌？

孔子為什麼這麼說呢？因為他一聽就知道彈琴唱歌是子游教大家的。那時候的彈琴唱歌，不像現在一般百姓都可以想唱就唱。那個時候音樂屬於六藝之一，是貴族們玩的東西。

子游是如何回答的呢？他這麼回答：

子游對曰：「昔者偃也聞諸夫子曰：『君子學道則愛人，小人學道則易使也。』」

「昔者」，意思就是從前。這裡的「君子」和「小人」，還是採用那個時代的傳統理解：「君子」是貴族，「小人」是勞動者。「學道」可以理解為提高自己的身心修養，我們知道，音樂也是「學道」的途徑之一。子游的回答，可以這樣翻譯：

「從前我聽您說過：『貴族有了音樂，就會更加相親相愛；勞動者有了音樂，工作就會更有勁了。』」

孔子聽了子游的回答後，又是怎麼回答的呢？

子曰：「二三子！偃之言是也。前言戲之耳。」

「二三子」，是在稱呼弟子們，相當於孫悟空說「孩兒們」，當然，你也可以理解為「孩子們」。「戲之」，意思是開玩笑。

孔子他老人家是這樣說的：「孩子們聽好了，言偃說得很對。我剛才說『割雞焉用牛刀』，那只是開個玩笑罷了。」

大家可以仔細品味一下這師徒二人的對話。

其實子游說的道理，孔子怎麼會不明白呢？子游教導大家彈琴、唱歌，孔子怎麼會不高興呢？所以，孔子只是嘴上說說，心裡其實應該還是高興的。他的那句「割雞焉用牛刀」，其實從某種角度可以理解為：子游，你有這麼高的才華，僅僅治理武城這個小縣城，有點大材小用了啊！

所以，如果你有一個朋友要動手做一件事，你說一句：「哎，讓我來，殺雞焉用牛刀！」這句話的背後，其實是誇你朋友厲害的意思。

講了兩個孔子弟子和音樂的故事，是否可以多少體會到，音樂在孔子那個時代，是一項很有意思的技能呢？

現在，該來說說孔子自己和音樂的故事。

不知道大家還記不記得，孔子他老人家堪稱「骨灰級」的音樂玩家。為什麼這麼說呢？在第三講有說到，孔子當年在齊國學習《韶》樂，沉浸在音樂當中如痴如醉，三個月嚐不出肉的味道。而且孔子還是個多才多藝的音樂玩家，會演奏多種樂器，除了會彈琴，還會演奏磬（ㄑㄧㄥˋ）。

磬是什麼東西呢？是一種打擊樂器，用石頭或玉製成，形狀像曲尺。演奏時用一個小鎚子敲打，發出「錚錚」聲，聲音很清亮悠遠。

孔子在衛國時，有一天，他在屋子裡一個人擊磬。一個挑著草筐的漢子剛好從孔子門前走過，聽到悠揚深沉的音樂聲就說：「擊磬的這位先生，是有心想要改善這個世界啊。」

你們看，這是不是有點像武俠片裡的場景？一個人聽到屋子裡有人彈琴，忽然皺眉說了一句：「有殺氣！」

當然了，故事裡這位挑著草筐的漢子，從孔子的音樂中聽出的不是殺氣，而是一種願望。這個漢子能從音樂中聽出演奏者的想法，說明他也是一位高人。

這裡要插一句話：其實不光音樂能夠反映演奏者的所思所想，甚至人格情操，各種技藝的操作都能夠反應人心，透露出技藝之外的訊息。像人的性格、當下的心理狀態、各種和心靈有關的訊息，都可以表現在下棋的棋風、跳舞的身姿，甚至打球的習慣動作中。

隨著你們的閱歷越來越豐富，這方面的觀察力會越來越敏銳，成為像這位挑著草筐的漢子一樣的高人，也不是不可能。由此可以看出，學習樂器、跳舞、下棋、打球等，其意義都不僅僅限於玩

要。你在學習這些才藝的同時，也在塑造自己的心靈、鍛鍊自己理解人性的能力。

所以，如果你正在學習某種才藝並且喜愛這門才藝的話，一定要好好學下去。

我們回到之前的故事。話說那位挑著草筐的高人繼續聽孔子擊磬。聽著聽著，他又開口評論道：「擊磬的這位先生，真是很執著啊。可惜這世界並不理解你，你又何必一心想要改善世界呢？為自己活著就可以了。時代在變化，人也該學會適應環境。就好比徒步過河：假如水淺得剛剛沒過腳面，不妨撩起衣服蹚過去；假如水深得淹過腰帶，那就穿著衣服游過去好了，因為無論如何衣服總會弄濕的嘛。」

這個漢子的話有沒有道理？有一定的道理。

孔子他老人家生活的春秋末年，是個怎樣的時代？在「亂世操盤手」的章節中，我們已經有所領教：當時，國與國之間時不時就會擦槍走火，為各種理由交戰，例如為爭霸、為恩怨情仇；而在國家內部，執政大臣為了獨攬大權，會毫不留情地把同僚和百姓們送上戰場，只為給自己清除障礙。放眼望去，目力所及的整個世界，已經成為爾虞我詐的戰場。

但是，這個漢子說「可惜這世界不理解孔子」，倒也未必。孔子他老人家已經擁有這麼多弟子衷心追隨，孔子和他弟子們的高論常常能夠令一國之君、國之重臣傾倒，甚至心悅誠服，不能說是完全沒有人理解他們。

所以，孔子和弟子們所處的這個局面，有點像一開始說的那個場景——第二次世界大戰時發生於蘇聯戰壕裡的故事：

孔子就是那位演奏音樂的小提琴家，當他演奏音樂的時候，雙方都會為他停止射擊，認真聆聽，暫時忘記戰場上的硝煙；但是當樂曲結束之後，槍炮聲依然會響起，雙方還是會殺得你死我活，戰爭局面不會因為小提琴家的存在而得到改善。

正如那些被孔子的魅力所折服的國君和大臣，他們當中固然有些人能夠禮遇、善待孔子和他的弟子們。但是，他們終究還是敗給了現實，沒能協助孔子實現他改善整個世界的理想。這就是歷史大勢：時代潮流正把華夏文明捆上戰車，而個人的力量難以阻擋這輛戰車滾滾向前。

那位賣草筐的漢子說：「世界如果無法改善，你為自己活著就可以了。」這話到底對不對呢？孔子的傳人孟子後來說過這樣一句著名的話：

「窮則獨善其身，達則兼濟天下。」

這裡的「窮」和現在說的「窮」意思有點不同，並不是指沒錢。古人說的「窮」，意思側重於做事情受到阻礙，志向、理想無法實現。而「達」呢，就是能夠放開手腳做事，能夠伸張志向、實現理想的意思。「窮則獨善其身」，意思就是，「如果志向和理想無法一下子實現，就管好自己的修為品德，為自己好好活著」；「達則兼濟天下」，意思就是，「如果哪天得志，可以實現理想了，就要讓天下人都能好好生活，得到好處」。

「窮則獨善其身」是自古以來隱士們理想中的生活狀態。這位挑著草筐、善於欣賞音樂的漢子，很可能也是一位隱士。

這位漢子還說：「時代在變化，人要學會適應環境。」也是相當高明的見解。人的努力和歷史進程之間，究竟有怎樣的關係？這說來話長。在下一講將繼續這個話題。

話說回來，孔子聽了那位漢子的評論以後，有什麼感想呢？他當時是怎麼說的呢？在《論語》中，孔子他老人家當時只說了一句：

「果哉，末之難（ㄋㄢˋ）矣。」

「果」的意思是「果斷」。「難」在這裡讀第四聲，意思是反駁。這句話可以這樣翻譯：

「這位先生，既然您果斷地選擇了自己的人生道路，我無法反駁您。」

你看，孔子對於這位漢子的人生選擇，是表示理解並且尊敬的。甚至他老人家心裡可能還會把這位漢子視為知己，因為人家畢竟說中了他的心事。

但是從「無法反駁您」的語氣中，是不是還可以品味出一點不同的味道？那就是孔子還是有所保留，他還是有自己的堅持。

怎麼理解呢？

就是即使世界是個失去道德感的戰場，我們要改善世界的努力依然不會懈怠。可以因勢利導地盡可能保護好自己的家園，保存好「君子」的精神，整理好古老的文獻，便於未來的人們理解這個時代，理解他們自己的人生。

正如那位戰場上的小提琴演奏家，他的音樂固然無法讓這場戰爭停下來，但是音樂已經在人們心裡播下種子。或許，你們的心裡也早已被播下種子，這顆種子扎下根來，會在未來的某一天發芽、開花。

登堂入室

【原文】子曰：「由之瑟，奚為於丘之門？」門人不敬子路。子曰：「由也升堂矣，未入於室也。」

【出處】《論語．先進》

【釋義】孔子說：「仲由演奏的音樂，怎麼出現在我孔丘屋裡了呢？」老師這麼一說，其他同學也有點看不起子路。孔子又說：「仲由的水準啊，已經進到客廳。雖然還沒有進到裡屋，但也算比較厲害了，大家不可以小看他！」

【理解】「登堂入室」，用來形容一個人的學問、技藝、修養由淺入深，循序漸進，水準越來越高，就像是先走進客廳，又進到裡屋。

殺雞焉用牛刀

【原文】子之武城，聞弦歌之聲。夫子莞爾而笑曰：「割雞焉用牛刀？」子游對曰：「昔者偃也聞諸夫子曰：『君子學道則愛人，小人學道則易使也。』」子曰：「二三子！偃之言是也。前言戲之耳。」

【出處】《論語．陽貨》

【釋義】孔子去武城，聽到有彈琴唱歌的聲音，就笑了：「子游，你治理一個小縣城，還需要教導大家彈琴唱歌？」子游回答道：「從前我聽您說過：『貴族有了音樂，就會更加相親相愛；勞動者有了音樂，工作就會更有勁了。』」孔子說：「孩子們聽好了，言偃說得很對。我剛才說『割雞焉用牛刀』，只是開個玩笑罷了。」

【理解】「殺雞焉用牛刀」的成語典故，一般就是指辦小事用不著費大力氣，不用小題大做。

〈錦瑟〉

【詩文】錦瑟無端五十弦，一弦一柱思華年。莊生曉夢迷蝴蝶，望帝春心托杜鵑。滄海月明珠有淚，藍田日暖玉生煙。此情可待成追憶？只是當時已惘然。

【作者】唐朝李商隱

【內容】這首詩，有人說是他在悼念已經去世的妻子，也有人說他只是在做一段過去的回憶。千百年來眾說紛紜，莫衷一是，大致而言，以「悼亡」和「自傷」說者為多。

【評價】大量用典（莊生夢蝶、杜鵑啼血、滄海珠淚、良玉生煙），辭藻華美，含蓄深沉，情真意長，感人至深。尤其是最後一句，已經成為經典名句。

磬與罄

【磬】一種打擊樂器，用石頭或玉製成，形狀像曲尺。演奏時用一個小槌子敲打，發出「錚錚」聲，聲音很清亮悠遠。因為磬的形狀是彎曲的，所以「磬」又比喻人彎腰，表示十分恭敬，如：磬折。

【罄】古通「磬」。本義為器中空，後引申為盡、用盡、窮盡，如：告罄、售罄。佛教用品中也多用銅罄作為法器，形狀像碗，也是中空。

【罄竹難書】以前古人把字寫在竹簡上，罄竹難書的意思，就是用盡所有的竹子都寫不完。一般用來形容一個人罪惡很多，說都說不完。

獨善其身，兼濟天下

【原文】孟子曰：「窮則獨善其身，達則兼濟天下。」

【出處】《孟子．盡心章句上》

【釋義】孟子說：「如果志向和理想無法一下子實現，那就管好自己的修為品德，為自己好好活著；如果哪天得志了，可以實現理想了，就要讓天下人都能好好生活，得到好處。」

【理解】一個人肯定會面臨各種挑戰、困難，甚至還有各種挫折。在遭遇困難時，不要放棄自己；在實現理想後，不要忘記別人。

第十八講

不在其位，不謀其政

前文講到一位挑著草筐的隱士先生聽了孔子演奏的音樂，認為：既然世界並不理解孔子，那他不如為自己活著，時代在變化，人也該學會適應環境。

這個觀點，應該說還是有一定道理的。孔子的時代已經是春秋末年，整個天下正在漸漸變成一個大亂世，那位隱士選擇過好自己的生活、獨善其身，是在當時的環境中做出的一個適合自己，也適合那個社會的選擇。

而孔子對隱士做出的選擇，第一反應也是認同的，並且表示尊敬。

為什麼呢？因為孔子曾教弟子們一個道理，這個道理和隱士的選擇也有一定的關聯性，《論語》中的原文是：

子曰：「不在其位，不謀其政。」

什麼意思呢？如果把孔子說的「位」理解為「職位」的話，他老人家說的這句話可以簡單地翻譯成：

「不在那個職位上，就不去參與謀劃那個職位上的事。」

這話的意思應該不難理解吧？每個人都做好自己的本職工作，不越軌，有這樣的人配合的社會，就能夠和諧運轉了。

聽到這話，孔子的高徒曾子又補充一句：

曾子曰：「君子思不出其位。」

這句「思不出其位」的「位」，意思就比較豐富了，不僅指職位，還有職責、能力，甚至是使命的意思。這整句話的意思就是：不要把精力浪費在自己其實並不了解也無法施加影響的事情上。要知道什麼是自己該做的，什麼是自己不該做的。

再引申一步，也可以解釋為我們要「腳踏實地，實事求是」。

曾子再這麼解釋一下，大家可能就更容易理解一些了。當聽到「不在其位，不謀其政」時，正在就學的人可能會問：「那我是什麼職位啊？我又沒有職位。」現在是沒有什麼職位，如果說有的話，那就是學生，學生的主要任務就是好好學習，對成長有干擾甚

齊國GDP今年衰退3%，
換我該如何應對？趙國
的離婚率大幅提升，
如果是我會怎麼做？

至有害的東西，就不要去碰，這也是對「不在其位，不謀其政」的一種理解。

當長大踏入社會，進入到不同的工作崗位，得到不同的職位，這時候，對於曾子的那句話就能更容易理解一些：我們每個人要弄清自己的職責、能力範圍，甚至使命，不要去做超出自己能力和精力範圍之外的事情。

為了讓大家更理解這兩句話，我們來講兩個小故事：一個小故事是關於一個古代人的，另一個小故事是關於現代人的。

先講古代人的故事吧，這個人的名字叫曹操。看過《三國演義》的人，肯定知道他吧？曹操堪稱《三國演義》中的一個大反派，以「奸詐」著稱，是劉備、諸葛亮、孫權這些人一直對抗的對象。

但其實《三國演義》只是一部小說，不能把它當作真實歷史來看。在真實的歷史上，曹操其實是一位非常了不起的人物。他文武雙全，而且不是簡單的文武雙全，而是真的可以達到「偉大的政治家」、「偉大的文學家」、「偉大的軍事家」這個層次。

曹操在晚年的時候，寫過一篇著名的文章《讓縣自明本志令》，也叫作《述志令》，就是敘述自己志向的意思。在這篇《述志令》中，曹操回顧了自己的一生。可以說，他在自己人生的每一個階段，基本上都知道自己要做什麼，這裡面有兩層意思：

一個是知道自己要做什麼，另一個是知道自己不能做什麼。

他的人生經歷我們就不詳細講了，有興趣的人可以去看《三國志》或《三國演義》。我們今天只說曹操的一點，就是儘管後世對曹操的評價很多，什麼「亂世之奸雄」之類的，但哪怕對曹操持負面評價的人，也認同他的一點：曹操自始至終沒有稱帝，也就是沒有做皇帝。

大家要知道，三國時期群雄並起，很多諸侯都有做皇帝的念頭，而這些諸侯中實力最強的是誰？就是曹操。換句話說，要說稱帝，第一個就應該是曹操。但是，曹操直到死，都沒有稱帝。相反，倒有一個叫袁術的，迫不及待地做起了皇帝，結果沒多久就被曹操給剿滅了。曹操在《述志令》中曾寫過一句話，這句話翻譯過來就是：

「假如這個國家沒有我的話，不知道有幾個人要當皇帝！」

這句話倒也算是沒說錯。

那麼，是曹操不想當皇帝嗎？我看不見得。他之所以一直不稱

帝，有一個重要原因就是：他清楚自己的實力還沒有到稱帝的地步。在那個時候，誰稱帝，誰就會成為所有人的敵人，也就是成為我們常說的「槍打出頭鳥」中的「出頭鳥」。所以，曹操非常清楚自己的定位。從這個意義上說，曹操雖然稱不上君子，但也做到了「思不出其位」。他一直知道自己該做什麼，不該做什麼。

說完曹操這個古代人，我們再來說一個現代人。他的名字大概大家都知道，叫姚明——沒錯，就是打籃球的姚明。

姚明原來是ＮＢＡ的著名球星，現在是中國籃球協會的主席。

在二〇一九年世界男籃錦標賽上，中國男籃的表現可以說是比較糟糕的。這對於剛擔任籃協主席不久的姚明而言，壓力還是挺大的。所以在中國男籃的某一場比賽中，姚明就坐到球員替補席上，甚至還和一些球員進行了叮囑和交談。

我的一位體育記者朋友就在網路上寫了一段話，大致意思就是：姚明，你這麼做是不對的，你身為籃協主席，不應該在比賽中去指導球員。

哇，他這段話一出，引起軒然大波。很多網友就開始在網路上批評他，甚至罵他。為什麼呢？他們認為：姚明還沒有資格去指導球員？那你又有什麼資格批評姚明？

我個人支持這位記者朋友的觀點。

為什麼呢？因為網友和他討論的其實是兩件事。

姚明有沒有資格指導球員？當然有資格。如果他還沒資格，全中國真的幾乎沒什麼人有資格了。但問題就是，這不是一個有沒有資格的問題，而是一個「不在其位，不謀其政」的問題。

一場體育比賽，球場就是一線戰場，所有球員只應該聽一個人的命令。誰的命令？就是球隊主教練。如果姚明是球隊的主教練，全隊當然應該聽他的戰術指導。但問題在於，姚明那時的身分是籃協主席，是一個行政官員。一個行政官員在比賽進行中到替補席坐著，還要指導球員，我個人認為是不合適的，因為這會讓主教練處境尷尬。

當然，我不是批評姚明。我採訪過姚明，一直很欣賞他，他是我見過的最稱職、最敬業，也是最聰明的球員之一。我相信姚明是肩負的壓力實在太大了，或者他也希望以身作則。所以，他的心情完全可以理解。但我個人還是覺得，他可以在走廊上、球場外，甚至可以把球員叫到自己的辦公室、家裡和他們談心、聊戰術。這樣做都比坐到球場裡要好，哪怕主教練水準再差，也必須要注意這個問題。這其實是一個相互明確分工的問題。

就像我以前做體育記者去足球俱樂部採訪，看到有的俱樂部總經理面對很多記者侃侃而談：「我覺得我們應該用○○陣型」，「我覺得應該派某某球員」。我就會覺得這個總經理很不稱職，因為他的職責是球隊的經營管理，而戰術指導是主教練的職責，雖然兩者都很重要，但不能混在一起。

講了兩個故事，一個古代人的，一個現代人。不知道大家對「不在其位，不謀其政」，或者「君子思不出其位」，有沒有一點更深入的了解。

說到這裡有人可能會問：孔子說的「不在其位，不謀其政」，是不是就是叫大家別多管閒事就好了呢？並不是。

為什麼這麼說呢？其實《論語》裡還有孔子說過的一句話，就是：

「陳力就列，不能者止。」

意思就是：如果你能夠施展自己的才能，就做這個官職；如果不能施展，就應該自己辭職，或者被罷免。

大家想想，這是什麼意思呢？其實就是對「不在其位，不謀其政」的進一步闡述，就是把那個「不」字去掉，孔子強調的是「在其位，謀其政」——你在這個位置上，就要把自己分內的事情做好，這完全不是一種消極的態度，而是積極的態度。

看到這裡，有人可能就會問：孔子這麼說，他自己是怎麼做的呢？

我們來看一個和他有關的故事。

大家還記得在第十五講中那個齊國執政大臣田常嗎？這個田常啊，為了獨攬大權，毫不留情地把同僚和百姓們送上戰場。後來，這個田常真的獨攬大權，還繼續興風作浪。終於在某一天，他的部下殺死了齊國國君齊簡公。

這件事發生的時候，孔子已經從魯國的官位上退了下來。《論語》中記載，他老人家一聽到這件事，就立刻洗澡更衣，去朝見魯

國國君魯哀公，說：「田常謀殺了自己的國君，請您發兵討伐他！」

魯哀公說：「你去請示那三位吧！」

「那三位」是誰？原來，魯國和齊國一樣，不是國君能說了算的。當時執掌魯國大權的是三位貴族。他們在魯國的地位，相當於田常在齊國的地位。大家想想，他們怎麼會同意去攻打自己的同類呢？

果然，孔子去請示「那三位」貴族，結果被駁回了。《論語》中記載，孔子只說了這樣一句：

「以吾從大夫之後，不敢不告也。」

什麼意思呢？

「我曾經當過國家的大臣，所以不敢不請示。」

孔子為什麼這樣說呢？我們想想，假如謀殺國君的罪犯不受到懲罰，那麼和他同類的野心家們就會紛紛有樣學樣，整個世界的道德底線就會被進一步拉低。孔子認為，自己當過國家的大臣，就應該對維護這個世道人心負有責任。

其實，孔子那時候已經「不在其位」了，但他僅僅因為曾經「在其位」，就要表達自己的觀點，這一點也證明了「君子思不出其位」這句話的意思——因為那一刻，孔子認為自己的

「位」不是一個小小的官位，而是站在要為國家興亡甚至天下倫理道德發聲的立場上。

其實，這和我們有時在新聞報導中看到，退役軍人或退休警察發現有人在做危害公共安全的事時，會第一個挺身而出是一樣的。雖然他們此時已經不是那個身分，但心中的道德感和責任感，還是會促使他們立刻就做出自己覺得應該要做的事。

可惜那一次，孔子沒能扭轉歷史大勢。關於這件事，司馬遷在《史記》中是這樣評論的：田常謀殺齊簡公，執掌齊國。天下的諸侯視而不見，沒有人出兵討伐他。在這之後，晉國被三家瓜分，田常的後人田和完全把齊國據為己有。六國強盛的時代就從這裡開始了。

就這樣，歷史的車輪滾滾向前，從春秋時代進入到戰國時代。這個戰場上發生的故事，變得越來越慘烈。

在上面這個故事中，我們還看到了一個角色：魯哀公。魯哀公身為一國之君，早早地大權旁落到三位貴族手裡，從某種意義上

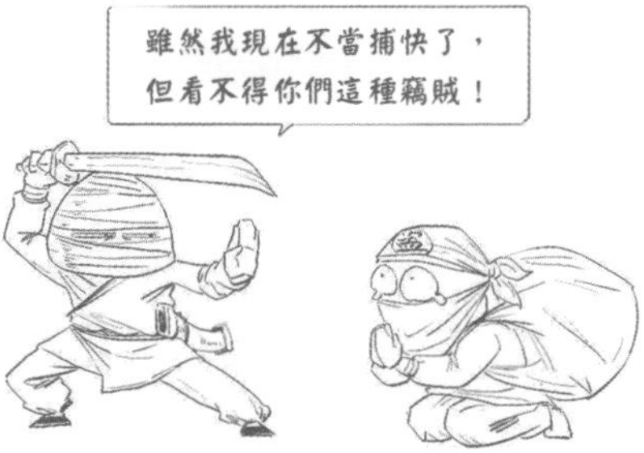
雖然我現在不當捕快了，
但看不得你們這種竊賊！

說，也是一種「在其位，不謀其政」的表現。在這樣的形勢下，孔子一個人的努力實在難以力挽狂瀾。

確實，在孔子所處的那個奔向亂世的春秋時代，即便有很多志士仁人願意為了自己心目中的職責或使命負責到底，他們的努力也未必就能在當時發揮作用，取得立竿見影的效果。

那麼，在面對歷史巨變的時刻，究竟應該何去何從？每個人都會面臨選擇，而答案往往不是唯一的。如何做選擇，既需要與實際連結，也需要問問內心。歷史的最終走向，往往取決於無數人的選擇交匯而成的合力。在這種情況下，做出各種不同選擇的人，可以說都為這個世界、文明盡了一份力，負起自己的責任。

我們接下來再說一個故事。這個故事在《論語》中是這樣記載的：

微子去之，箕子為之奴，比干諫而死。

孔子曰：「殷有三仁焉。」

我們都知道，孔子生活在春秋時期，但論朝代的話還是屬於周朝。而這段話說的是周朝之前的一個王朝，就是商朝末年的事。商朝也被稱為殷朝，所以我們也把它叫作殷商。

商朝末年的君主商紂王暴虐無道，而微子、箕子、比干這三位，都是商朝的王室成員，也是重要的大臣。這三位看到商紂王越來越不像話，已經聽不進勸，整個國家都處在內憂外患之中。於是，他們就一起商量各自應該做些什麼。商量的結果是，由微子攜帶王室的祭器[1]遠走高飛，而箕子和比干呢，就勇敢地留下來繼續勸諫商紂王。結果，比干被商紂王處死，箕子被貶為奴隸，受盡屈辱，好在最後還是活了下來。周朝取得天下後，周武王曾經向箕子請教如何治理國家。箕子的回答就是傳說中的「洪範九疇」，代表了從商朝流傳到周朝的先進文化。而微子保存下來的那些祭器，後來也流傳到周王室手裡。

所以，我們把這段《論語》原文用現代文翻譯過來，大致是這樣的：商紂王的時候，微子離開了，箕子被貶為奴隸，比干因勸諫而被處死。孔子他老人家說：「殷朝末年，有三位仁者。」

我們之前講過，「仁」可以說是孔門學問的核心。「仁」意味著同理心、換位思考，意味著敏銳、寬廣的心靈，可以理解世界，可以和他人心靈相通。

孔子是很少給別人「仁」的評價，但在這裡，孔子他老人家說「殷有三仁」，這是對商朝末年這三位重臣的極高評價。這三位，地位相似，但做出的選擇和最終的遭遇各不相同。孔子

1 祭器，就是祭祀天地神靈時用的各種器皿，我們現在可以在博物館中看到的青銅器，其中就有些屬於祭器，這些在當時從某種意義上是屬於寶貴的高科技產品。

認為，這三位都做到了「仁」：他們憂國憂民，敏銳地感受到時代變化，並且以不同的方式為這個文明盡上一份力，負起自己的責任——比干為挽救沒落的王朝付出生命，而箕子、微子則為那個時代保存先進文化和高科技產品，使之流傳後世，也使得文明不至於斷絕。

孔子讚美「殷有三仁」，或許其中還包含了對於商紂王的譴責：有這麼好的人才輔佐你，你還是沒有珍惜，把事情搞砸了，可見你作為君主，沒有負起應盡的責任啊！

由此我們可以看到，「不在其位，不謀其政」以及「君子思不出其位」，並不是教人少管閒事就好了，而是讓我們積極地在這個世界中選擇好自己的位置，並且為心目中的職責、使命負起自己的責任、盡一份力。

好了，這講就說到這裡，我們的第二篇「處世」也結束了。第三篇「修養」，是這本書中分量最重的一環。

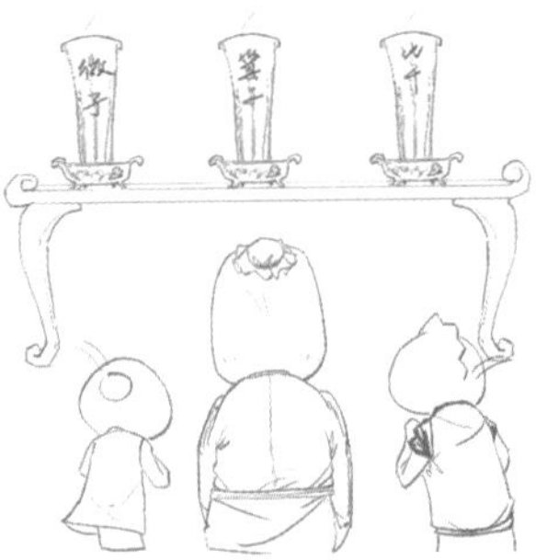

思不出位

【原文】子曰：「不在其位，不謀其政。」曾子曰：「君子思不出其位。」

【出處】《論語．憲問》

【釋義】孔子說：「不在那個職位上，就不去參與謀劃那個職位上的事。」曾子說：「君子考慮的問題不要越過他的職權範圍。」

【理解】不要把精力浪費在自己其實並不了解也無法施加影響的事情上。要知道什麼是自己該做的，什麼是自己不該做的。

陳力就列，不能者止

【原文】孔子曰：「求！周任有言曰：『陳力就列，不能者止。』危而不持，顛而不扶，則將焉用彼相矣？且爾言過矣，虎兕出於柙，龜玉毀於櫝中，是誰之過與？」

【出處】《論語．季氏》

【釋義】如果你能夠施展自己的才能，就擔任這個官職；不能施展，就應該自己辭職，或者就應該被罷免。

【理解】你在這個位置上，就要把屬於你的本分事情做好，這完全不是一種消極的態度，而是積極的態度。

優秀的「職業病」：以吾從大夫之後，不敢不告也

【原文】陳成子弒簡公。孔子沐浴而朝，告於哀公曰：「陳恆弒其君，請討之。」公曰：「告夫三子！」孔子曰：「以吾從大夫之後，不敢不告也。君曰『告夫三子』者。」之三子告，不可。孔子曰：「以吾從大夫之後，不敢不告也。」

【出處】《論語．憲問》

【釋義】我曾經當過國家的大臣，所以不敢不請示。

【理解】孔子認為，自己當過國家的大臣，就應該對維護這個世道人心負有責任。假如謀殺國君的罪犯不受到懲罰，那麼和他同類的野心家們就會紛紛有樣學樣，整個世界的道德底線就會被進一步拉低。

殷有三仁

【原文】微子去之，箕子為之奴，比干諫而死。孔子曰：「殷有三仁焉。」

【出處】《論語．微子》

【釋義】商紂王的時候，微子離開了，箕子被貶為奴隸，比干因勸諫而被處死。孔子說：「殷朝末年，有三位仁者。」

本講重點

【理解】孔子認為，微子、箕子、比干這三位商朝末年的重臣，雖然做出的選擇和最終的遭遇各不相同，但都做到了「仁」：他們憂國憂民，敏銳地感受到時代變化，並且以不同的方式為這個文明盡上一份力，負起自己的責任。

曹操

本名吉利，字孟德，小名阿瞞，豫州刺史部譙（今安徽亳州）人。東漢末年傑出的政治家、軍事家、文學家、書法家，三國曹魏政權的奠基人。去世後，其子曹丕稱帝，追尊曹操為武皇帝，廟號太祖。曹操是魏晉文學的代表人物，代表作有《觀滄海》、《龜雖壽》、《短歌行》等。

處世篇總結

下面，我們來「溫故知新」，回顧一下第二篇講了些什麼內容，希望大家能夠在一個新的層面上融會貫通，「一以貫之」。

讓我們回到故事的最初。作為教師的祖師爺，孔子拿來教導弟子們的，主要就是原先由貴族們專享的課程「六藝」，就是禮、樂、射、御、書、數。這些課程遠遠不止書本上的學問，它們不僅是現實世界中必不可少的技能，而且和怎樣為人處世息息相關。所以，在第二篇「處世」的開頭，用了三講來討論詩、禮和體育，它們分別對應「六藝」中的樂、禮、射、御。

孔子他老人家對兒子孔鯉講過：「不學《詩》，無以言；不學禮，無以立。」這句話的前半部分就是在第十一講的內容。多學一些詩，不僅能夠把話說貼切、說漂亮、把作文寫好，而且能夠把自己的心靈塑造得更加細膩、寬廣，並以此來感受世界、理解他人。這樣就能夠促進和別人的溝通與交流。孔子說過：「誦《詩》三百，授之以政，不達；使於四方，不能專對；雖多，亦奚以為？」可見他老人家認為，透過「學詩」，人應該掌握一些內政和外交的本領，不然就是白學了。

第十二講說的就是「不學禮，無以立」。懂禮貌，意味著照顧到他人的尊嚴，並且在語言、行動上表現出對他人的尊重。假如不講禮貌，有時候明明很棒的事情也會搞砸，「嗟來之食」就是個例子。從宏觀上講，要維持好的社會秩序，「法」當然非常重要，而「禮」的教化也必不可少。這就是孔子講的：「道之以政，齊之以刑，民免而無恥；道之以德，齊之以禮，有恥且格。」

當孔子被人誇獎多才多藝時，他說：「吾執御矣。」可見他老人家自認為最擅長的是駕馭馬車。孔子還說：「君子無所爭，必也射乎！揖讓而升，下而飲，其爭也君子。」這是他老人家對於射箭這項運動的評價，強調的點還是在於「禮」，用現在的話說就是「風度」。在第十三講，主要講體育風度。我們說風度不是體育的全部，在競技場上當然還是要全力爭取勝利的。我們還講了「乒乓外交」這個著名的故事，這屬於體育的往來功能，有時候甚至能影響國際局勢。

以上三講，講的是「六藝」中幾門課程的實際應用，屬於「學以致用」。

在第十四講，我們討論的是在現實社會中做事情的基本原則，就是「大處著眼，小處著手」。待人接物這樣的事情不可小看，所以孔子的高徒子夏在教導門人弟子時，就是從「灑掃應對進退」這樣的小事入手的。同時，待人接物這樣的「小節」中也包含著非常高明的內容，那就是磨練一個人的性格和胸襟。

接著，我們講的是何為「大處著眼」：這首先意味著判斷力，也就是找到正確方向的眼光；其次，就是在選定的方向上，一步一腳印地堅持下去，這裡面也包含「小處著手」。眼光和堅持，說的也是「立志」這個話題。正如孔子他老人家所說：「三軍可奪帥也，匹夫不可奪志也。」

在第十五講「亂世操盤手」，進入了更加廣闊的歷史舞臺，講述孔子的高徒子貢的一波神操作：為了保護魯國免受齊國侵略，子貢說動齊國的執政田常將兵鋒指向吳國，並挑動吳王夫差爭霸中原；然後，子貢示意越王勾踐隱忍不發，令吳王自以為沒有後顧之憂，一味在中原窮兵黷武；最後，子貢提醒晉國國君做好準備，以防吳國軍隊侵犯邊境。一番縱橫捭闔之後，整個局勢的發展盡在子貢的謀劃之中。經過這樣一番神操作，子貢不僅保護了魯國，而且讓國際格局為之一變。

我們發現，子貢的這番操作符合孔子他老人家教導的「一以貫之」。而「初心」，不妨說就是「一以貫之」這條神奇線索的起點。「初心」是人做某件事情時最初的願望和原因，隨著時間的消逝，「初心」會漸漸逝去。吳王夫差在人生的最後時刻又恢復了「初心」，這是悲壯動人的。而孔子他老人家「發憤忘食，樂以忘憂，不知老之將至」，也是「不忘初心，方得始終」。

面對亂世大舞臺，如何洞察人心，一定是大家關心的問題。孔子他老人家教導說：「視其所以，觀其所由，察其所安，人焉廋哉？人焉廋哉？」這句話的意思是，如果我們不懂看一個人如何做事，而且觀察他為什麼這麼做，並且進一步察看他這樣做的心態，那麼人心的真相是藏不住的。在第十六講，我們借「鄒忌諷齊王納諫」的故事講解了「視其所以，觀其所由」。之後，我們繼續詳述「察其所安」，並且點明：洞察人心並不是為了操縱人心、給自己謀利益，而是為了敞開心扉、摒棄偏見。這一點其實很難做到。孔子他老人家自己在評價澹臺滅明這位高徒的時候，就曾經被偏見誤導。不過，孔子在發現自己犯了錯誤後，就大大方方地承認了。

在第十七講，說了幾個和音樂有關的故事，說的是理想、藝術是如何與現實世界相互作用的。「登堂入室」，講了子路演奏音樂，孔子在批評的同時又給予肯定；還講了子游運用音樂治理武城，孔子在開玩笑的同時表示讚許——「殺雞焉用牛刀」這個成語就出自這裡。一位懂音樂的隱士認為孔子無須執著地試圖改變世界，為自己活就可以了。用孟子的話說，就是「窮則獨善其身，達則兼濟天下」。

針對隱士的評論，孔子說：「果哉，末之難矣。」這是對隱士的理解、尊重，也表達了孔子自己的保留和堅持。這裡涉及人生道路的選擇問題。

在第十八講，由隱士的人生選擇切入孔子所說的「不在其位，不謀其政」，以及曾子所說的「君子思不出其位」。這裡涉及人對於自己的「定位」問題：每個人都要弄清楚自己的職責、能力範圍以及使命，不要去做超出自己能力和精力範圍的事情。尤其是在已經有了明確分工的情況下，超出自己的職權範圍去管別人分內的事，未必是妥當的。

而之後，說到「陳力就列，不能者止」。意思是只有當你能夠施展自己的才能時，才有資格坐在相應的官職上，不然就應當主動辭職。由此可見「君子思不出其位」是包含積極意義的，就是「在其位，謀其政」，勇於擔當並負責到底。在田常事件中，孔子說：「以吾從大夫之後，不敢不告也。」在那一刻，孔子認為自己的「位」不是一個小小的官位，而是要為國家興亡甚至天下倫理道德去發聲。在「殷有三仁」的故事中我們看到，商朝末年的三位重臣雖然做出的選擇和最終的遭遇各不相同，但他們都為這個文明盡了一份力，負起自己的責任。

接下去在《有故事的論語〔修養・天地篇〕》要講「修養」，是合乎道德的行為，而「道德」不是高高在上的教條，是人在實際的世界中與他人往來、博弈，然後詢問內心、做出選擇的結果。其中包括：在世界中如何選擇自己的定位，選擇什麼樣的原則指導人生，選擇什麼樣的生活方式來追求幸福。

附錄

本書主要的孔子弟子

·顏回

顏回（西元前五二一年至西元前四八一年），曹姓，顏氏，名回，字子淵，魯國人，春秋末期魯國思想家，孔門七十二賢之首，儒家五大聖人之一。

十三歲拜孔子為師，是孔子最得意的門生。孔子對顏回稱讚最多，贊其好學仁人。他比孔子小三十歲，但卻比孔子先去世。

歷代儒客文人學士對顏回推尊有加，尊稱他為「復聖」。

·曾參

姒姓，曾氏，名參，字子輿，魯國南武城人。曾參是孔子晚年收的弟子，也是孔子最有成就的弟子之一，參與編寫了《論語》，後世稱他為「曾子」。

他還寫了《大學》，這是古代著名的討論教育理論的著作。《大學》、《論語》、《孟子》、《中庸》，合稱「四書」，就是「四書五經」的四書。曾參其實也有很多名言，例如我們知道的一些語錄「修身、齊家、治國、平天下」，「吾日三省吾身」，「任重而道遠」等。

·子路

姓仲，名由，字子路。他的年紀只比孔子年輕九歲，是孔子比較早期的弟子，也是孔門七十二賢之一。

根據《史記》記載，年輕時的子路不算是一個好青年，性格剛強直爽，是孔子用道理教化了他，收為了弟子。

子路非常勇敢，又孔武有力，成為弟子後便一直忠心耿耿地追隨、保護孔子。

關於子路，還有一個著名的成語，叫作「四體不勤，五穀不分」。

·子貢

複姓端木，名賜，字子貢。是孔子門徒中最出色的人之一，也是當時的頂級富豪，還擔任過衛國和魯國的宰相。

《論語》原文中，孔子曾這樣評價子貢：「賜不受命而貨殖焉，億則屢中。」意思就是：「子貢這個人啊，能夠突破自己先天條件的限制。他做生意，預測、判斷各種貨物的行情，總是八九不離十。」

孔子逝世後，子貢非常悲痛，一個人在孔子墓前居住了六年，為他守墓，是非常重感情的人。

子貢會做生意是很有名的，現在生意場上有句話叫「端木遺風」，說的就是子貢，因為他姓端木，這句話是說他創立講誠信的做生意方式。

・樊遲

名須，字子遲。春秋末期魯國人（也有說他是齊國人），繼承孔子興辦私學。他從小貧窮，但讀書刻苦，《論語》中提到他三次向孔子請教「仁」的學說。

・澹臺滅明

複姓澹臺，名滅明，字子羽，春秋末期魯國人，孔門七十二賢之一，教育家。

曾在孔子弟子子游的手下做過小官，因為為人正派、做事規矩，被子游推薦給孔子。但孔子因為他相貌醜陋，只勉強收為弟子。後來孔子發現澹臺滅明品德高尚、學風端正，於是感慨說：「以貌取人，失之子羽。」

‧言偃

字子游，又稱叔氏，春秋時吳地常熟人，成年後到魯國就學於孔子，比孔子小四十五歲。曾任魯國武城宰，孔門七十二賢弟子中唯一的南方弟子。擅長文學，闡揚孔子學說，用禮樂教育士民，為孔子所稱讚。孔子曾云：「吾門有偃，吾道其南。」故言偃被譽為「南方夫子」。

國家圖書館出版品預行編目（CIP）資料

有故事的論語. 學習.處世篇：愈讀愈懂,這些千古金句背後的道理 / 張瑋, 饅頭說團隊著. -- 初版. -- 臺北市：日出出版：大雁文化事業股份有限公司發行, 2021.09
256面；15*21公分
ISBN 978-986-5515-98-0(平裝)

1.論語 2.通俗作品

121.22 110014531

有故事的論語〔學習・處世篇〕：
愈讀愈懂，這些千古金句背後的道理

作　　者　張瑋・饅頭說團隊
責任編輯　夏于翔
協力編輯　王彥萍
內頁構成　菩薩蠻電腦科技有限公司
封面美術　謝佳穎

發 行 人　蘇拾平
總 編 輯　蘇拾平
副總編輯　王辰元
資深主編　夏于翔
主　　編　李明瑾
業　　務　王綬晨、邱紹溢
行　　銷　曾曉玲
出　　版　日出出版
　　　　　地址：10544台北市松山區復興北路333號11樓之4
　　　　　電話：02-2718-2001　傳真：02-2718-1258
　　　　　網址：www.sunrisepress.com.tw
　　　　　E-mail信箱：sunrisepress@andbooks.com.tw
發　　行　大雁文化事業股份有限公司
　　　　　地址：10544台北市松山區復興北路333號11樓之4
　　　　　電話：02-2718-2001　傳真：02-2718-1258
　　　　　讀者服務信箱：andbooks@andbooks.com.tw
　　　　　劃撥帳號：19983379　戶名：大雁文化事業股份有限公司
印　　刷　中原造像股份有限公司
初版一刷　2021年9月
定　　價　420元
I S B N　978-986-5515-98-0

原書名：《寫給孩子的論語課》